基于核心素养的小学数学教与学

林琛 ◎ 著

哈尔滨出版社
HARBIN PUBLISHING HOUSE

图书在版编目（CIP）数据

基于核心素养的小学数学教与学 / 林琛著 . -- 哈尔滨：哈尔滨出版社，2023.11
ISBN 978-7-5484-7125-7

Ⅰ.①基... Ⅱ.①林... Ⅲ.①小学数学课—教学研究
Ⅳ.①G623.502

中国国家版本馆CIP数据核字（2023）第201504号

书　　名：基于核心素养的小学数学教与学
JIYU HEXIN SUYANG DE XIAOXUE SHUXUE JIAO YU XUE

作　者：林　琛　著
责任编辑：李维娜
封面设计：李　娜

出版发行：哈尔滨出版社（Harbin Publishing House）
社　　址：哈尔滨市香坊区泰山路82-9号　　邮编：150090
经　　销：全国新华书店
印　　刷：北京政采印刷服务有限公司
网　　址：www.hrbcbs.com
E-mail：hrbcbs@yeah.net
编辑版权热线：（0451）87900271　87900272
销售热线：（0451）87900202　87900203

开　本：787mm×1092mm　　1/16　　印张：15.5　　字数：192千字
版　次：2023年11月第1版
印　次：2023年11月第1次印刷
书　号：ISBN 978-7-5484-7125-7
定　价：58.00元

序 言

当今世界，国际竞争日趋激烈，使得人才成为国家的核心竞争力，国家实力的较量，就是国家人才实力的较量。面向未来，每一个国家对于人才的培养以及对课程的改革都提出了更高的要求。国际上多数国家、地区与国际组织都认为，以个人发展和终身学习为主体的核心素养模型，应该取代以学科知识结构为核心的传统课程标准体系。

1997年，经济合作与发展组织（Organization for Economic Co-operation and Development，OECD）率先提出了"核心素养"的结构模型，将"核心素养"作为教育目标。该目标要解决的问题是：21世纪培养的学生应该具备哪些最核心的知识、能力与情感态度，才能成功地融入未来社会，才能在满足个人自我实现的同时推动社会发展。

张娜在《联合国教科文组织的核心素养研究及其启示》一文中仔细分析了联合国教科文组织（United Nations Educational, Scientific and Cultural Organization，UNESCO）发布的《走向终身学习——每位儿童应该学什么》报告，该报告基于"人本主义"的思想提出核心素养，即教育从"工具性目标"转变为"人本性目标"，使人的情感、智力、身体、心理诸方面的潜能和素质都能通过学习得以发展。在基础教育阶段尤其重视身体健康、社会情绪、文化艺术、文字沟通、学习方法与认知、数字与数学、科学与技术等七个维度的核心素养。

刘新阳、裴新宁在《教育变革期的政策机遇与挑战——欧盟"核心素养"的实施与评价》一文中，仔细分析欧盟（EU）2006年12月通过的关于核心素养的建议案，欧盟提出的核心素养包括语言能力、数学能力、科学和技术能力、数字能力、人际交往和合作能力、文化意识和表达能力、创新和创造能力以及个人发展和学习能力共计八个领域，每个领域均由知识、技能和态度三个维度构成。[①]这些核心素养作为统领欧盟教育和培训系统的总体目标体系，其核心理念是使全体欧盟公民具备终身学习能力，从而在全球化浪潮和知识经济的挑战中能够实现个人成功与推动社会经济发展的理想。

2002年美国制定了《"21世纪素养"框架》，该框架以核心学科为载体，确立了学习与创新技能，信息、媒体与技术技能，生活与职业技能，三项技能领域，每项技能领域均包含若干素养要求。

全球素养的提出，是许多国家和国际组织从面向未来的角度，对教育改革和发展提出的新要求。我国教育部2014年制定的《全面深化课程改革落实立德树人根本任务的意见》文件中，首次提出"研究制定学生核心素养体系"的要求。核心素养是党的教育方针的具体化，是连接宏观教育理念、培养目标与具体教育教学实践的中间环节。

2016年9月13日在北京师范大学举行的新闻发布会上，教育部委托课题、中国学生发展核心素养研究成果正式发布。该研究成果将中国学生发展核心素养分为文化基础、自主发展、社会参与三个方面，综合表现为人文底蕴、科学精神、学会学习、健康生活、责任担当、实践创新等六大素养，具体细化为国家认同的18个基本要点。各素养之间相互联系、互相补充、相互促进，在不同情境中整体发挥作用。

中华人民共和国教育部制定的《义务教育数学课程标准（2022年

[①] 刘新阳，裴新宁.教育变革期的政策机遇与挑战——欧盟"核心素养"的实施与
评价［J］.全球教育展望.2014，43（4）：75-85.

版）》指导思想中明确提出："聚焦中国学生发展核心素养，培养学生适应未来发展的正确价值观、必备品格和关键能力，引导学生明确人生发展方向，成为德智体美劳全面发展的社会主义建设者和接班人。"[①]确立了以"学生发展"为本，以"核心素养"为导向的课程理念。学校的任务不再是一味地灌输知识、批量生产统一规格的"人才"，而是面向未来的学习和生活，促进学生核心能力的发展。

数学课程要培养的学生核心素养，主要包括三个方面："会用数学的眼光观察现实世界；会用数学的思维思考现实世界；会用数学的语言表达现实世界。"[②]小学阶段核心素养主要表现为：数感、量感、符号意识、运算能力、几何直观、空间观念、推理意识、数据意识、模型意识、应用意识、创新意识。[③]义务教育数学课程标准根据学生各个学段数学学习的心理特征和认知规律，将核心素养的表现体现在每个学段的具体目标当中，并在每个领域的"学业要求"中明确每个学段的学习内容与相关核心素养所要达到的程度，在"教学提示"中针对核心素养目标的实现提出教学建议。

课程改革的深化对教师提出了新的挑战和要求。以"核心素养"为导向的课程理念，需要转变人才培养方式，需要相应课堂教学的变革。把"核心素养"的理念落实到学校的教学中去，这是当前课程与教学改

① 教育部.《义务教育数学课程标准（2022年版）》［M］.北京：北京师范大学出版社，2022：2.

② 教育部.《义务教育数学课程标准（2022年版）》［M］.北京：北京师范大学出版社，2022：5-6.

③ 教育部.《义务教育数学课程标准（2022年版）》［M］.北京：北京师范大学出版社，2022：7.

革的核心任务。作为教育改革的主体和先决条件，教师在很大程度上决定着这一改革能否成功。每一位教师均应抓住机会、主动求变，围绕学生素养的发展，提升自己的业务能力和专业知识，既实现自身专业发展的突破，又为学生核心素养的发展提供条件和保障。

目录

第四章　运算能力

第五章　几何直观

第六章　空间观念

第七章　推理意识

第八章 数据意识

第九章 模型意识

第十章 应用意识

第十一章 创新意识

第一章

数　感

数感主要是指对于数与数量、数量关系及运算结果的直观感悟。能够在真实情境中理解数的意义，能用数表示物体的个数或事物的顺序；能在简单的真实情境中进行合理估算，作出合理判断；能初步体会并表达事物蕴含的简单数量规律。数感是形成抽象能力的经验基础。建立数感有助于理解数的意义和数量关系，初步感受数学表达的简洁与精确，增强好奇心，培养学习数学的兴趣。

——《义务教育数学课程标准（2022 年版）》

第一节　数感概述

一、课程标准对数感的表述

1954年，Dantzig首次提出数感的概念，认为"数感是对细小的数量变化的一种直觉感受。"[1]数感问题是国内外数学教育研究的热点问题之一。数感是人的一种基本的数学素养，它是建立明确的数概念和有效地进行计算等数学活动的基础，是将数学与现实问题建立联系的桥梁。[2]

2001年7月，我国颁布的《全日制义务教育数学课程标准（实验稿）》总体目标中明确提出了要使学生"经历运用数学符号和图形描述现实世界的过程，建立初步的数感和符号感，发展抽象思维"。这是我国第一次在正式文件中提出数感这个概念。郑毓信教授认为："我们确实需要发展学生对于客观事物和现象数量方面的敏感性，包括对数的相对大小作出迅速的判断，也需要发展学生的估算能力。随着学生年龄的增大，我们应要求他们对客观事物和现象的数量方面作出准确的刻画，

---

[1] BERCH. Making sense of number sense implications for children with mathematical disabilities [J]. Journal of Learning Disabilities，2005（38）：333–339.

[2] 马云鹏，史炳星. 认识数感与发展数感 [J]. 数学教育学报，2002（2）：46–49.

能迅速地进行计算，并对运算的合理性作出说明。"[1]

《全日制义务教育数学课程标准（实验稿）》在学习内容的说明中描述了数感的主要表现，包括："理解数的意义；能用多种方法表示数；能在具体的情景中把握数的相对大小关系；能用数表达和交流信息；能为解决问题选择适当的算法；能估计运算的结果，并对结果的合理性作出解释。"

2011年颁布的《义务教育数学课程标准（2011年版）》将数感列入核心概念，并对数感的内涵给出了明确的定义："数感主要是指关于数与数量、数量关系、运算结果估计等方面的感悟。建立数感有助于学生理解现实生活中数的意义，理解或表达具体情境中的数量关系。"[2]

《义务教育数学课程标准（2022年版）》对数感的主要表现及其内涵作了更加明确的界定，将数感列为小学阶段核心素养主要表现的首位，并在学业要求中对于"数感"素养的落实提出明确的目标，说明了数感培养的重要性和基础性。数感主要是后天学习的结果，发展学生的数感有利于激发学生学习数学的兴趣，提升学生的数学思维（表1-1-1）。

表1-1-1

学段	学习领域	学业要求
第一学段（1-2年级）	数与代数	能用数表示物体的个数或事物的顺序，能认、读、写万以内的数；能说出不同数位上的数表示的数值，形成初步的数感 能在熟悉的生活情境中运用数和数的运算，合理表达简单的数量关系，解决简单的问题

[1] 郑毓信."数感""符号感"与其他——《课程标准》大家谈 [J]. 数学教育学报，2002（3）：30-32.

[2] 教育部. 义务教育数学课程标准（2011年版）[M]. 北京：北京师范大学出版社，2012，5.

续 表

学段	学习领域	学业要求
第一学段 （1-2年级）	综合与实践	数学游戏分享：能比较准确地表达自己对数、数量、图形、方位等数学知识的理解；能说明或演示自己玩过的数学游戏内容和规则
第二学段 （3-4年级）	数与代数	能结合具体实例解释万以上数的含义，能认、读、写万以上的数，会用万、亿为单位表示大数 能直观描述小数和分数，能比较简单的小数的大小和分数的大小，形成数感
第三学段 （5-6年级）	数与代数	能找出2、3、5的倍数。在1—100的自然数中，能找出10以内自然数的所有倍数，10以内两个自然数的公倍数和最小公倍数；能找出一个自然数的所有因数，两个自然数的公因数和最大公因数；能判断一个自然数是否是质数或合数 能用直观的方式表示分数和小数，能比较两个分数的大小和小数的大小；会进行小数和分数的转化（不包含将循环小数转化成为分数）。能在实际情境中运用小数和分数解决问题，进一步发展数感。能在解决实际问题中运用恰当的方法进行估算，并能描述估算的过程
	综合与实践	主题活动：如何表达具有相反意义的量：在真实情境中，能通过具体事例体会相反意义的量，能表达具体情境中负数的实际意义；能通过对多个事例的归纳、比较，感悟负数可以表达与正数相反意义的量

　　小学阶段"数感"素养的形成与发展主要体现在"数与代数"与"综合实践"领域。数感是由多个认知成分组成的整体，不同的研究者提出不同的观点。郭民、史宁中在《小学生数感发展规律与特征的实证研究及其启示》一文中提出，数感的构成要素应该包含6个方面的内容，即"数的意义、数的表示、数的关系、数的运算、数的估算、数的问题

解决"①。

各个阶段课程标准对数感的描述和关于数感的各类研究，为一线教师认识数感提供了指引，使教师能对数感的内涵与表现形式进行深入理解，从而研读教材中关于数感学习内容的设置，明确学业目标，更好地在教学中引导学生形成并发展数感。

二、数感的形成规律

了解并遵循儿童数感形成和发展的规律，能够帮助儿童在数学学习和数感发展上获得较好的进步。

（一）数感的形成和发展具有渐进性

数感主要是指对于数与数量、数量关系及运算结果的直观感悟。② 《义务教育数学课程标准（2022年版）》中"学业要求"三个学段对数感的目标定位依次是"初步形成数感""形成数感"和"发展数感"，从对"数感"目标描述中可以看出，"数感"素养的形成和发展是一个潜移默化、循序渐进的过程。

学生数感的发展首先始于对数的意义的理解，皮亚杰认为，儿童数字概念的形成是一个循序渐进的过程，需要若干年的时间才能完成。低年级学生的认知活动，生活经验和直观因素起着重要的作用；到了中年级，通过对多位数的认识，学生基本建构起自然数的认知结构，并开始初步认识分数和小数，扩大了对数的认识范围；到了高年级，学生已

---

① 郭民，史宁中.小学生数感发展规律与特征的实证研究及其启示［J］.数学教育学报，2011（1）：23-25.
② 教育部.义务教育数学课程标准（2022年版）［M］.北京：北京师范大学出版社，2022：7.

经初步形成整数、小数、分数的认知结构，知道这三者之间的联系和区别，并开始学习用字母表示数、方程，逐步实现从算术概念的学习过渡到代数概念的学习，为中学阶段的数学学习做好准备。

学生在学习数的概念的同时，同步掌握用数字来表示数量和顺序，理解数之间的关系，并运用数的知识解决相关的生活问题。期间的每个阶段都是后续阶段学习的基础，这个过程是一个由简单到复杂、螺旋上升的渐进过程。

（二）数感的形成和发展具有可习得性

郑毓信认为，数感并不能完全被看成是一种先天的才能，主要是后天学习的结果（也正是在这样的意义上，我们才能谈到数感的发展）。学生数感的建立开始的时候依靠的是经验的积累，通过学习，知识与经验不断丰富，数感也在学习的过程中不断建立起来。因此，数感是可以习得的，是可以通过不断训练而不断发展和提升的。

（三）数感的形成和发展具有独特性

数感是学生对数的一种富有个性的感知和领悟。具有良好数感的学生，对数的意义和运算有敏锐、丰富的感受，能迅速作出准确的反应。数感的形成与发展和学生个人的经历和经验密切相关，因此数感的发展具有独特性。学生已有的知识基础、心理特征是形成数感的基础，教师要充分尊重学生的已有的认知起点，重视学生的已有经验在发展数感中的作用。

遵循儿童数感发展的规律，尊重儿童的认知水平差异，通过数学课程的学习，帮助儿童在数感的发展上获得更大的进步。

第二节　数感教学策略

　　数感的形成和发展需要长期的训练和积累，《义务教育数学课程标准（2022年版）》中对数感学业目标的描述是教师落实数感素养教学的方向和依据，在教学过程中教师可以从以下几个方面发展学生的数感。

一、在丰富的情境中理解数的意义，发展数感

　　数学教育家弗赖登塔尔曾说："如果说数学教育要有什么收获的话，那么我们希望这收获是：人们能知道什么是数。"小学生对数的意义的理解是数感发展的基础，数的意义的理解，贯穿数感课程的始终，对数的意义的理解，有助于学生对数的关系的理解，对算理的理解和提升问题解决的能力。

　　小学阶段学习的整数、小数、分数都是源于人类的生产和生活实践，因此，教材为学生提供了和生活实际联系密切的学习素材，让学生在真实背景和真实情境中，理解数的意义。小学低年级是学生数感发展的关键期，低年级学生的身心发展特点是以具体形象思维为主，对数的意义的理解有较大的难度。教师要以教材为依托，充分考虑学生的生活经验，在对数的意义进行教学时应结合贴近学生生活经验的现实情境，以丰富的趣味性活动，让学生主动参与学习，在真实情境中理解数的意

义。例如，一年级认识1～5，教材创设"快乐的家园"学习情境，通过"说一说""数一数""找一找"等学习活动，引导学生经历从现实世界中抽象出数，同时又能用数来表示物体的个数或事物顺序的过程，使学生感受数学表达的简洁与精确；引导学生用数学的眼光观察生活，在理解数的基础上运用数，用数来交流表达，形成初步的数感。

二、在真实情境中进行合理估算，发展数感

随着计算工具的普及，人们针对较大数据的计算越来越多地借助计算机来完成，但是，日常生活中对估算的要求反而提高了。因此，国内外的数学教学都十分重视估算能力的培养。北京师范大学董奇教授认为："儿童计算能力的发展模式是一个估算能力逐步精确化、程序化，过渡为精算能力，并进一步促进原有估算能力的发展的过程。"[①]估算包括对运算结果的估计和对数字自身的估计，估算是一种重要的数学思想方法和数学能力，明确估算价值、培养估算意识对于提高学生的数感有很好的促进作用。

在教学过程中，我们常常会发现的一个现象，那就是学生缺乏估算意识，碰到估算，学生往往会先计算出精确得数，再根据精算的得数推算出估算的结果。究其原因有两个方面，一个是教师对估算的价值不够重视，导致教材中渗透的估算意识的学习内容未能落实到位，造成了学生估算意识的薄弱。另一个原因是学生感受不到估算的必要和价值。小学阶段有一些估算问题的数据过于简单，对学生来说，很快能够计算出结果，所以学生选择先计算再估算，因而感觉不到估算的简洁和必要。

---

① 董奇，张红川. 估算能力与精算能力：脑与认知科学的研究成果及其对数学教育的启示［J］. 教育研究，2002（5）：46-51.

掌握估算方法，灵活运用估算，对学生分析问题和解决问题能力的提升能起到积极的促进作用。教学中，首先要为学生创设尽量真实的问题情境，鼓励学生根据问题情境，自主探索估算的方法，在交流中鼓励学生大胆表达自己估算的依据和思路；其次，要通过对比的问题情境，让学生感受在不同情境中需要使用不同的估算方法才能更好地解决问题；最后要引导学生反思自己的估算过程，归纳估算方法，积累好的估算策略。教学中，教师要把握学生估算能力发展的规律，尊重学生的个体差异，提升学生的估算意识和估算能力。

三、在问题解决的过程中发展数感

学以致用是数学学习的重要目的。学生在解决问题的过程中，能够选择恰当的算法，对运算的结果有较准确的预判，并能解释结果的合理性，是形成数感的具体表现。

教学中，教师应有意识地引导学生在解决问题的过程中采用估算的策略。例如，在比较乘法算式$76 \times 5 \bigcirc 56 \times 7$的结果时，可以引导学生采用估算的方法进行判断，通过估算判断算式结果是否正确，让学生在运用估算策略的同时，感受估算的价值。

在教学中，我们会发现学生解决实际生活中的问题时，计算的结果不合常理，如：计算出爸爸的年龄比孩子的年龄还要小，对于这样的结果，学生很少考虑是否是自己选择的方法不恰当导致结果不合理。一方面说明学生对数的运算的意义理解不深刻；另一方面，说明学生缺乏对数的运算结果的合理预测。

在解决问题的教学中，教师首先要引导学生充分理解信息当中每一个数的意义，这是解决问题的前提。其次，在理解数的意义的基础上，要分析数量之间的关系，结合运算的意义，确定解决问题的方法并预判运算的结果。最后，要引导学生反思问题解决的过程，对结果的合理性作出解释，这是问题解决中非常关键的环节，也是最容易被忽略的环节。为学生创造交流的机会，加强对问题解决结果的合理解释，可以帮助学生进一步理解数和运算的意义，提升问题解决的正确率，进一步发展数感。

　　数感的研究与发展仍处于起步阶段，其教学过程是教师和学生共同营造和参与的活动，需要教师加强学习，转变教学观念，充分考虑学情，让学生经历数学知识形成的过程，让学生在具体生动的情境中理解数，培养学生的估算能力和应用意识，在实践、探索、交流中形成数感、发展数感。

第三节　数感教学案例

感悟数概念的"一致性"　发展数感

—— "文具店——小数的初步认识"教学实践与思考

版本：北师大版

年级：三年级

领域：数与代数

核心素养：数感、符号意识

【学习内容】

北师大版数学三年级上册80～81页。

【背景与学情分析】

"文具店"属于"数与代数"领域，是认识小数的起始课。小数的认识在小学教材中分两段进行编排，在第一学段，让学生结合具体的生活情境初步认识小数，能进行一位小数的加减运算，在初步认识小数时，只要求理解小数的含义，不把小数作为抽象的数来研究，不出现计数单位、数位等概念，认、读、写小数限于小数部分不超过两位的小数。在第二学段才要求理解小数的意义。

北师大版教材是在认识分数之前结合元、角、分和长度单位来初步认识小数，感受数的概念的"一致性"。教材编排"说一说""认一认""想一想"三个板块，让学生在真实情境中直观地认识小数，借助元、角、分之间的关系来突破十进制的教学难点，帮助学生体会分数与小数之间的关系，再利用长度单位进一步完善对小数的认识。

小数的认识是从量到数的抽象过程，教材注重引导学生从具体直观的经验中抽象出小数的过程。小数实质上是十进分数的另一种表示形式，学生理解小数的意义要和分数联系起来，这是小数概念教学中的难点。大部分学生都能够根据生活经验理解小数中每一个数字对应的实际意义，如知道1.9元是1元9角，但对4角是多少元这样的问题仍然难以理解。因此，教学时可以从学生已有的经验出发，选择符合学生认知规律和心理特征的价格情境来突破小数认识的难点，结合整数的认知基础，感知小数位数之间的十进关系，感受数概念的"一致性"，初步理解小数的意义。

【学习目标】

1. 结合"文具店"的具体情境，借助元、角、分初步理解小数的意义，学会认、读、写简单的小数，感受数概念的"一致性"，初步形成数感。

2. 感受小数在日常生活中的广泛应用，体会数学与日常生活的密切联系，积累活动经验，形成应用意识。

【学习准备】

人民币学具、红包、学习单

【学习过程】

（一）活动一："抢红包"——初步认识小数

师：同学们，你们抢过红包吗？

生：抢过。

师：老师给每个小组准备了一个大红包，我们分小组来抢红包吧！各小组请一个代表上来抢红包。其他同学请认真来看看，你们小组抢到了多少钱。

小组代表上台参加"抢红包"活动。

师：各位抢红包高手请准备好，三、二、一，开始！请告诉大家你们小组抢到了多少钱？

小组代表逐一汇报各自小组抢到的钱数，师板书。

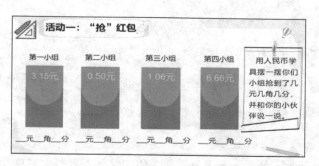

图1-3-1

板书：3.15元，0.50元，1.06元，6.66元。

师：还没学过的数，大家都会读，真好！每个小组抢到的钱到底是几元几角几分呢？请同学们拿出准备好的人民币学具，和同桌摆一摆，说一说。

生摆、说，师巡视。

师：3.15元怎么摆？是几元几角几分？

生汇报：3.15元我摆了3张1元，1张1角，5个1分，就是3元1角5分。

师贴学具，板书：3.15元是3元1角5分。

生逐一汇报。

讨论：在6.66元中，同一个数字6在不同位置上表示的意义一样吗？

明确：同一个数字在不同位置上表示的意义不一样。

小结：像3.15，0.50这样的数都是小数。

板书：都是小数。

师：那今天我们就一起来认识小数。

板书课题：小数的初步认识。

师：下面，我们和智慧老人一起来学习关于小数的知识吧。看视频之前，老师有个要求：认真听，一会儿要和同学分享你学会了什么？

生观看视频。

师：谁来和大家分享，你从智慧老人那里学会了什么？

生1：小数都有一个小数点，小数点把小数分成了两部分，小数点左边是整数部分，小数点的右边是小数部分。

师：真会观察，这是小数最重要的特征。

生2：整数部分表示几元，小数点后面第一位表示几角，小数点后面第二位表示几分。

生3：我还知道小数的读法。

师：大家都知道小数怎么读，那老师就来考考大家，这里有一些数字卡片，看谁读得又快又准。

出示数字卡片，生读小数。

小结：祝贺大家，不但会读小数，还读懂了小数。

设计意图：小数是学生身边常见的一种数，基于学生已有的经验基础，本环节从学生喜闻乐见的"抢红包"活动入手，唤醒学生已有的知识储备，体会到小数也是一种数，初步感受数是在不断扩充的。在读小数的过程中产生认知冲突，以此引导学生关注小数的读法与整数读法的差异，加深对小数读法的认识。

（二）活动二："拆红包"——进一步认识小数

任务一：拆——看人民币面值

师：智慧老人看见大家学得那么认真，他也给每个小组准备了3个这样的红包，想不想拆开看看？

生：想。

师：拆之前请大家仔细听合作要求：一个一个地拆；把结果记录在任务单上。

生合作，师巡视。

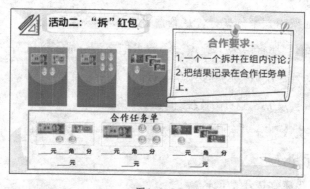

图1-3-2

任务二：说——互相转化

师：好，时间到！请小组代表上台分享。哪个小组上来分享呢，其他小组认真听，有不同看法的再补充。

小组代表分享。

师：老师想请教大家一个问题：把元、角、分用小数几元来表示，你们有什么好办法吗？有谁来向大家介绍一下吗？

生：几元就写在小数点前面，几角就写在小数点后面的第一位数，几分就写在第二位。

小结：记住元、角、分分别对应小数中的哪个位置，我们能快速地把元角分改写成小数。

任务三：辩——突破"0"的用法

师：淘气和笑笑遇到了难题，我们一起来看看。2元0角4分写成了2.40元，把0元8角1分写成8.1元。你们同意吗？为什么？和你的同桌说说。

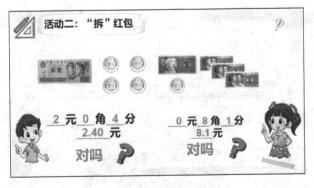

图1-3-3

生同桌互说。

师：谁来分享？

生：不同意，因为2.40元表示2元4角，8.1元表示8元1角。

师：看来"0"的位置很重要，怎么样避免淘气和笑笑犯的错误呢？你们有什么好建议？

生：看清楚是几元、几角、几分，就要写在相应的位置上，写完后再检查一遍。

小结：道理越辩越明，学习过程中出现错误是有价值的，我们不要害怕错误，很多时候错着错着就对了。

设计意图：学生借助人民币模型体会小数每一个数位上数的意义，在观察、比较、迁移、沟通中初步感受相邻两个计数单位间的十进关系，初步形成数感。通过对错例的争辩，引导学生深入思考"0"的用法，让学生感受错误的价值，进一步加深对小数意义的理解，形成数感。

（三）活动三："用红包"——深入理解小数

任务一：食品店买食品

师：通过"抢"红包、"拆"红包，咱们认识了小数，知道了小数每个数位上的数表示什么。现在老师要带大家去"用"红包，看看能不能有更多的收获。

出示情境图：食品店。

图1-3-4

明确要求：请先和组内的同学说说你想买哪一件商品，要付几元。明白要求了请点点头。好了，开始吧。

学生交流。

师：你觉得他说对了吗？

生评价。

师：看来同学们真的读懂了小数。老师有个疑问，1.88元和1.99元，这里的两个8和两个9代表的意思一样吗？谁能帮我解释一下？

生：不一样，1.88元小数点后的第一个8表示8角，第二个8表示8分；1.99元小数点后第一个9表示9角，第二个9表示9分。

师：谢谢你帮助我答疑解惑。老师还有个疑问：1.20和2.00元中的0表示的意思一样吗，为什么呢？

生：不一样，1.20元中的0表示0分，2.00元中的小数点后面第一位上的0表示0角，小数点后面第二位上的数表示0分。

师：我明白了，谢谢！在学习的过程中，我们要多思考为什么，这样我们才能学会真本领。

任务二：我会摆

问题：用1，2，3和小数点能组成多少个不同的小数？记录下来并读一读。

师：请同学们拿出智慧老人给的三个红包和老师给大家的可爱的小数点，想一想用1，2，3这三个数字和小数点能组成哪些不同的小数？请你和小组同学的摆一摆，读一读，看谁摆得多，读得准。

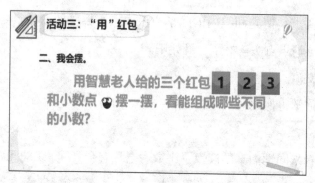

图1-3-5

师：明白要求的请点点头，好，开始吧。

学生摆、读、记、汇报。

师：同学们掌握了小数的读法，谁能和大家分享一下读小数时要注意什么？

生分享交流。

生：小数点前面的数按照以前学过的方法读，小数点后面的数只要按照顺序读出数字就可以。

小结：只要掌握了读法，就算小数千变万化，我们也不怕。

任务三："打地鼠"游戏

问题："打地鼠"——选择正确的小数。

师：同学们学得很好，下面我们来玩个游戏放松一下。

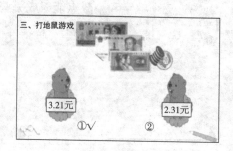

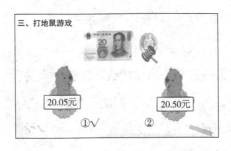

图1-3-6

学生分小组开展打地鼠游戏。

小结：地鼠打得又快又准，说明同学们掌握了真本领。

（四）活动四："观礼包"——拓展认识

师：我们都知道知识比金钱更宝贵，智慧博士给大家带来了"知识"大礼包。我们一起去看看吧。

出示课件视频，学生观看。

图1-3-7

师：孩子们，在刚刚的视频中，你知道了什么？谁来说说？

生1：我知道了古代是用小棒表示小数。

生2：我知道了小数是我国元代数学家提出来的。

师：看来真的有收获。看看我们能不能看懂古人的小数。

生看视频，说小数。

小结：通过不断地学习，相信同学们一定能充满智慧！

设计意图：为学生提供充分的从事数学活动的机会，让学生借助生活情境、游戏等形式，感受元、角、分之间的十进制关系，主动建构小数的意义。在运用中感受小数的实际价值，在参与师生、生生互动的过程中，培养学生独立思考、与他人合作的能力。

（五）活动五：反思总结——完善认识

师：同学们，今天的数学课你有什么收获？你是怎样学到本领的？

生1：我认识了小数点。

生2：我知道了在数钱时小数点前面的数表示几元，小数点后面第一位上的数表示几角，小数点后面第二位上的数表示几分。

师：今天我们边玩边学，一起认识了小数。同学们都能开动脑筋思考，认真倾听别人的发言，老师很高兴和大家一起学习，课后请你和爸爸妈妈一起走进超市，寻找生活中的小数！

（六）板书设计

小数的初步认识

3.15，0.50，1.06，6.66，…都是小数　　　3.15读作：三点一五。

6.66元是6元6角6分　　　0.50读作：零点五零。

2元0角4分=2.04元

0元8角1分=0.81元

设计意图：一节课学习内容的回顾与梳理过程就是引导学生自我反思的过程，这种对学习过程的自我反思，是促进学生自我调整、不断提升思维的过程。

【课后思考】

数感是一种主动的、自觉的或自动化的理解和应用数的态度与意识，数感是人的一种基本素养。数感是建立明确的数概念和有效地进行计算等数学活动的基础，是将数学与现实问题建立联系的桥梁。数感发展的关键期是小学低年级，数感教学的重点应在第一学段，学生数感的发展需要经历感悟多少、用数表示多少、建立数之间联系，对数进行运算、形成数系概念等的过程。[①]教学需要发展学生对客观事物和现象数量方面的敏感性。

（一）以生活经验为基础感悟数

学习的过程是学生以已有知识和经验为基础的主动建构的过程，学生已有的生活经验和认知经验就是一种重要的课程资源。本节课创设丰富的贴近学生生活的情境，让学生在熟悉的抢红包情境中感悟小数的含义，体会数学来源于生活，同时又为生活服务。

（二）在探究过程中理解数

本节课从生活问题出发，以任务驱动探究，以多元评价促进成长，小数学习层层深入。小数的意义对学生来说是一个比较抽象的概念。本节课教学中，教师不断提出活动及任务，引导学生在动手实践，自主探究与合作交流中体会领悟小数的意义。使学生通过充分地举例、交流、

---

① 史宁中，吕世虎. 对数感及其教学的思考［J］. 数学教育学报，2006（2）：9-11.

抽象、归纳、概括，初步理解小数的意义。

本节课的学习由易到难、由浅入深，体现了层次性、针对性和实效性，练习形式多样，能够开拓学生思维，提升学生应用意识，对学生建构小数的概念起着积极的作用。

第二章

量 感

　　量感主要是指对事物的可测量属性及大小关系的直观感知。知道度量的意义，能够理解统一度量单位的必要性；会针对真实情境选择合适的度量单位进行度量，会在同一度量方法下进行不同单位的换算；初步感知度量工具和方法引起的误差，能合理得到或估计度量的结果。建立量感有助于养成定量的方法认识和解决问题的习惯，是形成抽象能力和应用意识的经验基础。

——《义务教育数学课程标准（2022 年版）》

第一节　量感概述

一、课程标准对量感的表述

《义务教育数学课程标准（2022年版）》首次将"量感"作为数学课程核心概念之一，对"量感"的内涵和表现形式作了具体的描述："量感主要是指对事物的可测量属性及大小关系的直观感知。知道度量的意义，能够理解统一度量单位的必要性；会针对真实情境选择合适的度量单位进行度量，会在同一度量方法下进行不同单位的换算；初步感知度量工具和方法引起的误差，能合理得到或估计度量的结果。建立量感有助于养成定量的方法认识和解决问题的习惯，是形成抽象能力和应用意识的经验基础。"[①]

知识可以灌输，但见识灌输不了；规则可以灌输，但意义灌输不了；测量可以灌输，但量感灌输不了。[②]度量是数学的本质，是人创造

---

① 教育部. 义务教育数学课程标准（2022年版）［M］. 北京：北京师范大学出版社，2022：7.

② 孙晓天，张丹. 义务教育课程标准（2022年版）课例式解读［M］. 北京：教育科学出版社，2022：48.

出来的数学语言，是人认识、理解和表达现实世界的工具。①《义务教育数学标准（2022年版）》将"量感"作为核心概念单独提出，从"度量"到"量感"的变更，可以看出课程将从单纯以知识技能为目标的测量，转向培育核心素养的方向（表2-1-1）。

表2-1-1

学段	学习领域	学业要求
第一学段（1～2年级）	图形与几何	感悟统一单位的重要性，能恰当地选择长度单位米、厘米描述生活中常见物体的长度，能进行单位之间的换算；能估测一些身边常见物体的长度，并能借助工具测量生活中物体的长度，初步形成量感
	综合与实践	主题活动：欢乐购物街：认识元角分，知道元角分的关系；会在真实情境中合理使用人民币；在教师指导下能够反思并述说购物过程，积累使用货币的经验；形成对货币多少的量感和初步的金融素养。 主题活动：时间在哪里：认识时、分、秒，能说出钟表上的时间；了解时、分、秒之间的关系，能结合生活经验体会时间的长短；能将生活中的事件与时间建立联系，感悟时间与过程之间的关系；形成对时间长短的量感 主题活动：身体上的尺子：能运用测量长度的知识，了解身体上的一些"长度"；能用身体上这些"长度"测量身边某些物体的长度；能记录测量的结果，能与他人交流、分享测量的经验，发展量感
第二学段（3～4年级）	图形与几何	能描述长度单位千米、分米、毫米，能进行长度单位之间的换算；能在真实情境中选择合适的长度单位。能通过具体事例描述面积单位厘米²、分米²、米²，能进行面积单位之间的换算 在解决图形周长、面积的实际问题过程中，逐步积累操作的经验，形成量感

① 史宁中.为什么要强调量感［J］.小学教学（数学版），2021（10）：8-10.

续 表

学段	学习领域	学业要求
第二学段（3~4年级）	综合与实践	主题活动：曹冲称象的故事：知道"曹冲称象"的故事，形成问题意识。能结合现实素材，感受并认识克、千克、吨，能进行简单的单位换算；理解"曹冲称象"的基本原理是等量的等量相等，能针对具体问题与他人合作制定称重的实践方案，并能在执行方案的过程中不断反思，丰富度量的活动经验 主题活动：度量衡的故事：会查找资料，理解度量衡的意义，提升学习的意识与能力；了解最初的度量方法都是借助日常用品，理解度量的本质就是表达量的多少，知道计量单位是人为规定的；了解计量单位的发展历史，知道科学发展与度量精确的关系，在教师指导下，能对不同的量进行分类、整理、比较，丰富并发展量感
第三学段（5~6年级）	图形与几何	能说出面积单位千米^2、公顷和体积单位米^3、分米^3、厘米^3，以及容积单位升、毫升，能进行单位换算，能选择合适单位描述实际问题

　　小学阶段"量感"素养的形成与发展主要集中在"图形与几何"与"综合与实践"领域。《义务教育数学课程标准（2022年版）》"学业要求"三个学段量感的目标定位依次是"初步形成量感""形成量感"和"丰富和发展量感"，"量感"素养的形成和发展是一个循序渐进的过程。

二、"量感"的具体表现

　　《义务教育数学课程标准（2022年版）》关于"量感"的具体描述有三个关键点需要我们重点关注。

（一）理解必要性

　　学生量感形成的首要表现是理解统一单位的必要性。在针对测量的教学中，我们会关注学生是否认识单位长度，是否会使用单位，而为什么要统一单位，"理解统一度量单位的必要性"在教学中常常被忽略。学生理解统一单位必要性的过程，就相当于"再创造"的过程，这一过程有助于学生了解标准测量单位来自现实生活，因而是极其重要的，现行教材的编排也体现了这一过程，凸显了数学文化，让学生在理解学习数学的必要性的同时，感受数学对社会发展的推动作用。

（二）三会：会选择、会度量、会换算

"会选择"是"会度量"和"会换算"的前提，"会度量"和"会换算"一直以来都是"图形与几何"教学中的一个重要内容，而"会选择"在教学中常常被忽略，课程标准提出学生要"会选择"合适的度量单位进行度量，就是要培养学生用"数学的眼光"去观察现实情境，结合具体情境作出的合理判断，这是一个社会公民应具有的基本素养，因此，"会选择"是量感素养的重要体现。

（三）合理估计

史宁中教授认为对数量多少的感知和对距离远近的感知是学生学习数学所应学得的两大本领。日常生活中的度量常常没有或者不需要工具，是对测量对象的可测量属性及大小关系大致的判断。因此，是否能够"合理"估测对象的量是学生是否有量感的一个重要可观测因素。有良好量感的人，对测量对象的可测量属性及大小关系能作出合理的判断，这也是有"数学眼光"的具体体现。

第二节　量感教学策略

　　量感的形成和发展是一个循序渐进的过程，小学生的思维是从具体形象思维到抽象思维逐步发展的过程，因此培养学生的量感需要遵循学生的年龄特征和量感的发展规律，引导学生在实践体验中感受度量单位产生的必要性，掌握度量和估量的方法，选择合适的度量方法与度量单位解决实际问题，有助于发展学生的量感，提升学生的素养。

一、关注"度量单位"的产生和关联，形成量感

　　"知道度量的意义，能够理解统一度量单位的必要性。""量感"的培养重点不在于已知测量单位后进行测量，而是让学生能够识别出数量的属性，并"创造"或选择合适的度量单位来进行量化。[①]几乎所有的计量单位的产生和发展都经历了漫长的时间，承载了计量单位由多元到统一、由粗略到精细的发展过程。[②]教师在教学中，要高度关注"度量单位"的产生，通过情境的创设，让学生在知道度量意义的同时，充分理解为什么要统一度量单位，还要让学生充分感受到每一个计量单位

[①] 孙思雨，孔企平."量感"的内涵及培养策略［J］.小学数学教师，2021（81）：44-47.
[②] 史宁中.为什么要强调量感［J］.小学教学（数学版），2021（10）：8-10.

产生的过程，以及计量单位之间的关联，建构起度量单位知识网络，形成量感。

例如，在二年级"教室有多长"的教学中，教师可以引导学生分小组用各种工具对课室的长度进行测量：有的小组用尺子，有的小组用数学课本，有的小组用长绳子。各小组测量后汇报：课室的长度是40把尺子长，35本数学书的长，6条绳子的长。这个时候学生就会发现，用不同的标准长度去测量同一个物体，得到的数量不同，没有办法直接进行比较，不方便沟通和交流。从而引发学生思考：怎样才能方便交流和比较？学生讨论交流后会发现：大家都用同样的物体或长度去测量课室的长度时，交流和比较会更方便，教师顺势带领学生了解单位的产生和发展，统一计量单位的迫切性和必要性是学生自己在体验中的思考和感受，这样的学习，能够帮助学生了解数学文化，感受统一单位的必要性，有助于学生形成和发展量感。

又如，在教学"一分有多长"的时候，要特别关注单位量"秒"的具体的体验。学生对分的认识是基于对秒的认识的基础上发展的，在学生充分感知1秒、10秒、30秒、60秒有多长的基础上，引导学生认识、充分体验1分有多长，1分能干做些什么。有了对时间单位"秒"和"分"的充分认识，建构了"分"和"秒"单位之间的关系，学生才能真正建构起对时间单位的"量"的感觉，形成关于时间的量感。

二、重视"估测"与"测量"相结合，发展量感

"量感"更多地体现在不借助工具的前提下对数量有较准确的感知。[①]量感是学生"数学眼光"的一种体现。通过测量，我们可以得到

---

① 孙思雨，孔企平．"量感"的内涵及培养策略［J］．小学数学教师，2021（81）：44-47.

测量对象的精准数值。而利用估测可以在不借助工具的情况下对数量的可测属性和大小关系进行直观地感知，帮助学生形成良好的量感。教学中，有意识地引导学生选择合适的估测方法对测量的对象进行估测，再通过测量验证估测的结果，并不断调整估测的结果，将"估测"与"测量"相结合，有助于发展学生的量感。

学生在认识长度单位、面积单位或体积单位之后，教师可以创设各种估测情境，如让学生估测教学楼走廊的长度、天花板的高度、课室的面积、黑板的面积、课室门的高度、水杯的容量等，估测之后让学生与实际测量进行比较，不断修正估测的结果，提高估测的准确度，积累估测的经验，发展量感。

三、发展"数量推理"能力，促进量感的培养

在学生的学习过程中，并不能够对所有的"量"都进行直接感受，如吨、千米、公顷、平方千米等。对于这样的相对远离学生的"大量"，其量感的培养，必须依靠想象和推理活动进行。[①]

例如，在认识"公顷"时，学生知道边长为100米的正方形面积是1公顷后，教师要利用身边熟悉的参照物，如篮球场、课室、广场等，让学生通过"数量推理"，以熟悉的参照物为标准，推测、想象、建构1公顷的大小，帮助学生在"数量推理"中发展量感。

培养量感是一个循序渐进的过程，需要教师从"量"和"感"两方面入手，引导学生从体验逐步向对"量"的深刻认识发展，使核心素养落地生根。

---

① 孙晓天，张丹.义务教育课程标准（2022年版）课例式解读［M］.北京：教育科学出版社，2022：53.

第三节 量感教学案例

积累活动经验 助力量感形成

——"教室有多长"教学实践与思考

版本： 北师大版

年级： 二年级

领域： 图形与几何

核心素养： 量感、应用意识

【学习内容】

北师大版数学二年级上册49～50页。

【背景与学情分析】

"教室有多长"属于"图形与几何"领域，是正式学习长度单位的准备课。在认识长度单位之前，教材安排了"教室有多长"一课学习，通过让学生自选长度单位，用不同方式测量教室长度，体会测量方式、测量工具的多样性，在"量"中体会"量"，知道度量的意义，积累活动经验，形成量感，为后续学习长度单位奠定基础。

在学情调查中，我们发现有一半以上的学生有过测量的经验，掌握了一定的测量方法。因此，体会测量工具的"多样性"和感悟测量工具统一的"必要性"是本节课应关注的"着力点"。

【学习目标】

1. 经历用不同方式测量教室长度的过程，体会测量方式、测量工具的多样性，形成量感。

2. 积累测量经验，感悟测量工具统一的"必要性"，初步培养度量意识。

3. 初步学会合作学习，在测量活动中体验合作、交流、成功的乐趣。

【学习准备】

多媒体、测量工具（绳子、尺子、水杯等）

【学习过程】

（一）活动一：创设情境，感知"量"

出示情境图：元旦要布置拉花装饰课室

图2-3-1

35

师：同学们，我们要开元旦联欢会了，需要用拉花布置课室，老师在准备拉花时，要知道什么呀？

生：要知道教室有多长。

板书课题：教室有多长。

师：教室的长在哪里，谁能指一指？

引导学生直观感受教室的长，确认两点之间的距离。

师：同学们能帮老师测量一下教室的长吗？

设计意图：课伊始，为学生创设元旦装饰课室的生活情境，顺势引出本节课的学习内容，从理解"长"入手，通过直观感受，让学生理解教室的长是什么，让"长"具象化，为测量长打好铺垫。

（二）活动二：动手操作，体验"量"

任务一：选

师：该怎样测量教室的长度，大家有什么好建议？

引导学生思考、讨论。

学生汇报，教师板书。

学生可能提出：用尺子测量、用书本测量、用瓶子测量、用铅笔测量等。

师：我们一起开动脑筋想办法，想出了很多办法，用这些办法，能不能测量出教室的长呢？想不想自己动手试一试？

图2-3-2

设计意图：二年级学生在视觉上已经对物体的长短具备了一定的量感，以问题驱动学生思考，引导学生思考并讨论测量方法，为测量做好准备。

任务二：测

师：请同学们小组合作，一起来测量教室的长。测量前我们要明确要求：①小组成员分工；②想好用什么测量工具；③测量后把选择的工具和结果填写在任务单上。

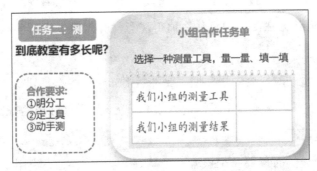

图2-3-3

学生以小组为单位开展活动，教师巡视指导。

设计意图：数学活动"经验"是在"做"中积累起来的。学生组内互助，通过分工合作，确定小组测量的工具，再动手测量，教师及时观察、给予指导。这一环节让学生初步尝试测量，展示自己的测量方法，暴露测量中不规范的操作。学生在"量"的活动中体会到"量"的大小，也为下一阶段的研讨、反思做好准备。

任务三：悟

1.小组交流环节。

师：请各小组上台汇报自己测量的结果，并说明你们是怎样测量的。

小组汇报，教师板书。

表2-3-1

测量工具	课本	绳子	练习本	拖把杆
测量结果	22本	6根	30本	5个多一些

2. 围绕三个问题开展研讨。

问题一：都是测量教室的长度，为什么测出来的结果不一样？

讨论明确：测量同一物体的长度，选择的测量工具不同，测量的结果也就不同。

问题二：同学们，在刚才测量的过程中你们小组遇到了什么问题和困难？你们认为在测量中有什么值得注意？有没有发现哪些组的做法特别值得学习？

生1：量的时候要做好标记，要不然不知道上一次量到哪里。我们小组四个课本都用来量，重复用的时候忘记做标记，所以又测量一次，用的时间比较长。

生2：量的时候要一个挨着一个摆好，我看到第2小组用本子量，本子对得很整齐。

生3：要记下来一共量了多少次。

生4：我们小组用绳子量，量的时候绳子要拉直。

师：同学们不但会测量，还能在测量后及时反思自己的测量方法，懂得向他人学习，真好。

明确：测量时，测量的工具要前后衔接，测量的时候要做好标记，测量后要记录数据。

问题三：用不同的测量工具，得到这么多种方式表示教室的长，你们有什么感觉？

生1：这样不统一，比较麻烦。

生2：我知道可以用米做单位，我在家里用米尺测量过地面。

明确：用统一的测量工具去测量，能够方便人们交流和使用。

设计意图：本环节以学生合作探究为主，以教师引领为辅，设计了"选""测""悟"三个层层深入的活动任务，引导学生在测量活动中学会度量方法，感受无论哪种工具都是以一定的长度作为标准去度量的，教室包含了多少个这样的度量标准，就是教室在该标准下的长；知道度量的意义，度量"标准"的意义在测量的过程不断被复制，学生感受到长度就是在一个个单位长度的基础上的叠加，让度量标准在学生头脑中扎根；在交流讨论中使学生初步感知度量单位统一的必要性。

（三）活动三：拓展应用，内化"量"

任务一：摆一摆——渗透累加思想

师：下面我们玩一个叠叠乐的小游戏，老师为每个小组准备了一些易拉罐，在规定的时间内，用易拉罐摆一摆，比一比，看哪一组摆得高，哪一组就获胜。明白规则的请点点头，好，开始。

图2-3-4

学生小组合作玩游戏。

师：哪一组摆得最高？为什么？

生：第三组最高，他们小组摆的易拉罐最多。

小结：每一个易拉罐高度都相同，所以叠起来的易拉罐越多，说明摆得越高。

任务二：辨一辨——体会单位的必要性

师：教室有两张这样的桌子，用绿色和黄色的卡纸来测量，左边的桌子测到有3张绿色卡纸长，右边的桌子测量到有3张黄色的卡纸长，大家来判断一下哪张桌子比较长吧！

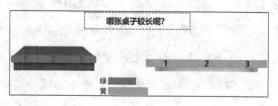

图2-3-5

生1：一样长，都是三张卡纸。

生2：不一样，卡纸的长度不一样，黄色的卡纸长，所以，右边三张黄色卡纸的桌子比较长。

明确：虽然两张桌子都是3张纸那么长，但由于纸的长短不一样，哪张纸较长，桌子就长。

任务三：估一估——渗透度量意识

师：同学们能不能估一估，老师的身高是老师的几个头长？

图2-3-6

生交流。

明确：人的头长和身高是有关系的，根据头长能够估计一个人的身高。

设计意图： 本环节通过玩游戏，动手操作，使学生直观感受到单位长度累加得越多，量就越大，渗透单位长度的累加思想。通过判断桌子的长感受两张桌子都是3张纸那么长，但由于纸的长短不一样，桌子的长度也就不同，感受统一单位的必要性。通过估计教师的身高大约是几个头长，感受身体中的量，渗透度量意识与应用意识，为以后学习"倍"的知识奠定基础。变式的学习活动，反映了测量的本质即包含几个度量单位，深化了学生对单位长度的直观认识，有助于学生形成长度单位这个"量"概念的建立和理解。

（四）活动四：反思延伸，拓展"量"

师：同学们，这节课你有什么收获？你是怎样学到本领的？你们小组今天的表现怎么样？

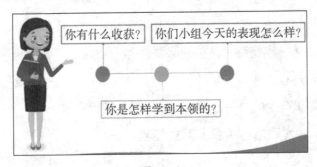

图2-3-7

学生生自评、互评，师评。

全课总结： 亲爱的同学们，这一节课每一位同学都积极参与测量，我们通过测量教室的长，学会了测量的方法。同学们在学习的过程中认真合作、积极交流、大胆提问、互相解答，老师欣赏大家的学习态度。

课后，请同学们选择一样工具，测量身边的物体，下节课我们继续交流。

设计意图：引导学生回顾并反思自己的学习过程，使其谈谈探索过程中自己最深的体会，进行数学学习方法的梳理指导。让学生在自评、互评、师评中学会自我反思、自我调整。课后，让学生回归生活，测量身边的物体，感受数学与生活的密切联系，助力学生量感的形成。

【课后思考】

"量感主要是指对事物的可测量属性及大小关系的直观感知。"量感简单地说就是对量的感受，具体而言包括对物体大小、多少、轻重、厚薄、快慢等方面的感性认识。量感的形成需要学生在实践活动中直观感受，逐步形成对事物"量"的感性认识。

（一）在测量活动中感受统一度量单位的必要性

知道度量的意义，能够理解统一度量单位的必要性是量感的一项具体表现。培养学生的量感应结合日常教学的具体内容，有意识地在学习活动中进行渗透。本节课，通过开展选择测量工具、小组合作测量、对比测量结果、感受统一单位的必要性等一系列丰富的实践活动，让学生体验测量过程，积累测量的经验，在活动中感受统一度量单位的必要性，体验知识产生的源头，学会用数学思维进行思考。

（二）在实践活动中积累测量经验

建构主义认为学习不是被动的接受，而是学生在活动中的主动建构，对学习过程不断进行反省、概括和抽象，才能真正内化知识。小学生量感的建立更多依赖活动经验的积累。学生通过测量课室的长、摆易拉罐比高低、比较桌子的长等实践活动，在活动中不断凝练对物体长度及长度关系的认识，在活动中，学生通过操作、观察、交流，对"量"的认知逐步从模糊到清晰，形成初步的量感。

第 三 章

符号意识

符号意识主要是指能够感悟符号的数学功能。知道符号表达的现实意义；能够初步运用符号表示数量、关系和一般规律；知道用符号表达的运算规律和推理结论具有一般性；初步体会符号的使用是数学表达和数学思考的重要形式。符号意识是形成抽象能力和推理能力的经验基础。

——《义务教育数学课程标准（2022 年版）》

第一节 符号意识概述

一、课程标准对符号意识的表述

数学家罗素曾说过："数学是什么？数学就是符号加逻辑。"[1]史宁中教授认为："数学符号是人们进行数学的表示、运算、推理和解决问题时使用的一种重要工具，是一切科学的通用语言。"在数学中，各种数、数量关系、数量的变化以及推导和演算都是以数学符号的形式来表示的，数学符号是人们进行表达、运算、推理、解决问题和交流时需要用到的重要的数学语言。在数学学习中，不管是概念命题的学习还是问题解决，都涉及用符号去表征数学对象，符号可以帮助我们准确、简洁、清晰地表达数学思想，从而使数学的运算和推理过程得以简化，符号是帮助人类进行思维和解决问题的工具，数学符号的掌握是学生学好数学的基础。

教育部2001年颁发的《全日制义务教育数学课程标准（实验稿）》首次提出了"符号感"一词，虽然没有明确给出符号感的具体内涵，但是在具体内容中描述了符号感的具体要求。符号感主要表现在：能从具

---

[1] 朱立明，马云鹏. 学生数学符号意识PORE评价框架的沟通［J］. 数学教育学报，2016，25（1）：84-88.

体情境中抽象出数量关系和变化规律，并用符号来表示；理解符号所代表的数量关系和变化规律；会进行符号间的转换；能选择适当的程序和方法解决用符号所表示的问题。①

2011年教育部颁发的《义务教育数学课程标准（2011年版）》将"符号感"更改为"符号意识"，并将"符号意识"列为数学十大核心素养之一，《义务教育数学课程标准（2011年版）》对符号意识作了界定："能够理解并运用符号表示数、数量关系和变化规律；知道使用符号可以进行运算和推理，得到的结论具有一般性；使学生理解符号的使用是数学表达和进行数学思考的重要形式。""符号意识是学习者在感知、认识、运用数学符号方面所做的一种积极主动反应，它是一种积极的心理倾向。"②"符号意识"是课程目标的核心部分，"符号意识"的培养对学生学习数学有重要的作用，因此，符号意识的培养一直以来备受教育界的关注。

2022年颁发的《义务教育数学课程标准（2022年版）》将符号意识列为小学阶段核心素养的11个主要表现之一，并对符号意识的主要表现及其内涵作了明确的界定：符号意识主要是指能够感悟符号的数学功能，知道符号表达的现实意义；能够初步运用符号表示数量、关系和一般规律；知道用符号表达的运算规律和推理结论具有一般性；初步体会符号的使用是数学表达和数学思考的重要形式。符号意识是形成抽象能

---

① 教育部.全日制义务教育数学课程标准（实验稿）［M］.北京：北京师范大学出版社，2001：7.

② 教育部.义务教育数学课程标准（2011年版）［M］.北京：北京师范大学出版社，2012：5.

力和推理能力的经验基础。①《义务教育数学课程标准（2022年版）》在学段的具体目标和课程内容的"内容要求""学业要求""教学提示"中均对符号意识的学习要求和达成目标进行了详细的说明，并提出了较具体的教学建议，有助于教师在日常教学中把握方向、落实素养（表3-1-1）。

表3-1-1

学段	学习领域	学业要求
第一学段（1-2年级）	数与代数	能用符号表示数的大小关系，形成初步的符号意义
第二学段（3-4年级）	数与代数	能直观描述小数和分数，能比较简单的小数的大小和分数的大小；会进行同分母分数的加减运算和一位小数的加减运算，形成符号意识
第三学段（5-6年级）	数与代数	能用直观的方式表示分数和小数；能在实际情境中运用小数和分数解决问题，进一步发展符号意识。能在具体情境中，用字母或含有字母的式子表示数量之间的关系、性质和规律，感悟用字母表示具有一般性

符号意识的发展主要蕴含在"数与代数"领域的学习中，《义务教育数学课程标准（2022年版）》中对三个学段符号意识的培养分别是"初步形成符号意识""形成符号意识"以及"发展符号意识"，说明符号意识的形成和发展是一个循序渐进的过程，每一个阶段的学习都要遵循学生的认知规律，逐步提升学生的符号意识。

二、小学阶段主要的数学符号类别

数学符号按照分类的不同，有多种分类方式，按照符号的性质进

---

① 教育部. 义务教育数学课程标准（2022年版）［M］. 北京：北京师范大学出版社，2022：8.

行分类，小学阶段的数学符号主要包括：数字符号、字母符号、运算符号、关系符号、辅助符号、象形符号（表3-1-2）。

表3-1-2

类别	符号例举
数字符号	整数：0，1，2，3，…… 分数：$\frac{1}{2}$，$\frac{2}{3}$，…… 小数：0.1，0.2，0.3，…… 负数：-1，-2，-3，……
字母符号	表示数字的字母：x，y，…… 表示几何图形的字母：半径r，直径d，圆心o，三角形的顶点a，b，c，三角形的角A，B，C，…… 表示常数的字母：π
运算符号	加号+，减号-，乘号×（或·），除号÷（或$\sqrt{}$），比号：
关系符号	大于>，小于<，等于=，约等于≈
辅助符号	小括号（），中括号［］
象形符号	角∠，平行∥，垂直⊥

对学生符号意识的培养大体要经历这样一个过程：首先是认识和理解符号，这是培养符号意识的基础；然后经历"一般化"的过程，运用符号表示数量、关系和一般规律；借助体会运用符号表达和推理得到的结果具有一般性；在此过程中不断体会符号使用对于表达和思考的作用。[①]因此，教师要根据不同符号的类别，有意识地引导学生经历符号抽象的过程，发展符号意识。

---

① 孙晓天，张丹.义务教育课程标准（2022年版）课例式解读［M］.北京：教育科学出版社，2022：56.

第二节　符号意识教学策略

良好的符号意识是学生学好数学的重要前提，教师在教学过程中，要明确学业要求目标，让学生在学习中经历符号产生发展的过程，学会运用符号进行表达和思考，感受符号的价值，在运用符号中不断发展和提升符号意识。

一、经历符号表示的过程，发展符号意识

教学中，教师要充分调动学生已有经验中的符号意识，为学生提供机会，让学生经历用符号表示的过程，引导学生用符号来表示情境中的数量关系或者规律，并从中感受符号的简洁性，发展学生的符号意识。

例如，教学三年级"搭配问题"时，引导学生思考："能不能想办法，把你能想到的所有搭配方案都表示出来？"由于上衣和裤子比较难直接画出来，这就引发学生利用已有的符号经验思考如何既画得简单，又能表示所有的方案，学生会根据已有的经验，用简单图案、字母、数字等符号进行表达。教师再引导学生思考："用简单的几何图案、字母或者数字符号来表示搭配方案，有什么好处？"让学生感悟符号表达的简洁和直观，这样的学习过程对学生符号意识的形成起着积极的促进作用。

二、理解符号的含义，发展符号意识

部分学生在数学符号的理解和运用方面存在问题，主要的原因是学生没有能真正理解各类数学符号的意义。教师要想让学生认识抽象的符号，就需要加强学生对符号意义的理解，才能有助于学生符号意识的发展。

设置问题情境，引导学生自主探究并发现符号的表示方式，借助直观的图形，加深学生对符号的理解。通过向学生介绍的方式或者让学生自己查找资料，引导学生了解符号产生和发展的历程，让学生在了解符号背后的文化过程中，加深对符号的理解，发展符号意识。

例如，一年级"认识5"的教学，通过呈现学生熟悉的场景，让学生在具体情境中数一数数量是5的物体，来理解数字符号"5"表示的意义，让学生看到数字5，就会将其和数量是5的具体的事物联系起来，再让学生举身边的数量是5的例子，加深对数字符号的理解。在学生理解数字表示数量之后，再引导学生理解数字还可以表示顺序。

三、运用符号解决问题，提升符号意识

史炳星、马云鹏、唐复苏在《在解决问题的过程中发展学生的符号感》一文中，从问题解决的角度提出了学生符号意识发展的方法，他们提出：要尽可能借助实际生活情境帮助学生理解符号以及表达式、关系式的意义，避免学生产生机械联系和进行无意义记忆，问题创设要接近生活化，强调学生的自主探索。对于学生的符号运算训练也要适当并分阶段进行，不主张进行过多的练习。①

---

① 史炳星，马云鹏，唐复苏. 在解决问题的过程中发展学生的符号感［J］. 数学教育学报，2002（02）：57-60.

　　例如，六年级学习了"圆的周长"的计算方法之后，可以让学生思考："我们已经学会了计算圆的周长，那么半圆的周长是圆周长的一半吗？半圆的周长怎样计算？"让学生借助圆周长的计算公式，自主探究求"半圆"周长的问题。这时候，学生就需要借助圆周长的公式来推导，学生需要理解圆周长公式中每一个符号代表的意义，还需要清晰半圆周长由哪些部分组成。通过讨论，学生明确：半圆的周长包含圆周长的一半和圆的直径两部分。圆周长公式是$C=2\pi r$，那么圆周长的一半就是$C=2\pi r\div 2=\pi r$，加上一条直径的长度，半圆的周长$C=\pi r+d$。通过用字母公式推导，让学生在运算和推理的过程中感受运用符号思考的过程，提升符号意识。

第三节　符号意识教学案例

感悟符号功能　发展符号意识

——"用字母表示数"教学实践与思考

版本： 北师大版

年级： 四年级

领域： 数与代数

核心素养： 符号意识

【学习内容】

北师大版数学四年级下册61～62页。

【背景与学情分析】

"符号意识主要是指能够感悟符号的数学功能。"形成和发展学生符号意识，要通过教学活动来实现。"字母表示数"是形成学生符号意识的起始课，是学生数学学习的一个转折点，该课为学生开启代数知识这一新的学习领域，同时也是后续学习代数式、方程、函数等内容的基础。

学生已经具有了用字母表示数的认知基础，学生已经接触过用字母表示运算定律、图形的周长和面积计算公式等。在已有的生活经验中，学生也接触到字母在生活中的广泛运用，对用字母表示数的简洁性有了初步的体会。四年级学生的思维水平处于具体形象思维向抽象思维过渡的阶段，第一次接触用含有字母的式子表示具体的数量对他们来说仍然是一种挑战，需要一个适应的过程，在接受字母公式中遇到一些特殊的表现方式时，学生有可能不太适应，需要教师的引导。教师要充分调动学生已有经验中的符号意识，为学生提供机会，让学生经历用符号表示的过程，加强学生对符号意义的理解，促进学生符号意识的形成和发展。

【学习目标】

1. 在具体情境中，理解用字母表示数的意义，初步掌握用字母与含有字母的式子表示数字、数量关系的方法，学会含有字母的乘法算式的简便写法。

2. 经历由具体的数过渡到用字母表示数、数量关系的探究过程，体会用字母表示数的必要性和优越性，形成符号意识，发展抽象概括能力。

3. 在探索知识的过程中，感受数学的乐趣，渗透数学文化，感受数学价值。

【学习准备】

多媒体、扑克牌

【学习过程】

（一）唤醒"符号"经验

多媒体显示扑克牌1—13。

师：同学们好，看，老师给你们带来了什么？

生：扑克牌。

师：你们能大声告诉老师这些扑克牌各表示什么吗？

生：A就是1，J就是11，Q就是12，K就13。

师：扑克牌中一个字母表示一个数，我们学过的长度单位有米、分米、厘米，谁能告诉老师这些单位还可以用什么来表示？

生：米用m，分米是dm，厘米用cm来表示。

师：数学上我们经常用字母表示单位名称。那么我们学过的运算定律，比如加法交换律、加法结合律、乘法分配律能用字母表示吗？这样表示有什么好处呢？

生：简便。

师：通过以前的学习，同学们已经知道了用字母可以更加简洁地表示数、单位名称和运算定律，今天我们就继续来学习——字母表示数。一起来看看字母还有什么了不起的作用！

设计意图：从学生熟悉的字母入手，过渡到数学中用字母表示数的实际例子，激活学生已有的用字母表示数的生活经验。通过感受用字母表示公式的便捷性，在字母表示数的新知识和旧经验之间建起桥梁，使学生感受字母表示数存在的现实意义与价值，让学生由对符号的陌生逐步转变为认同和亲切，从而促进学生符号化意识的形成。

（二）理解"符号"表达

活动一：编儿歌

师：同学们喜欢听儿歌吗？

生：喜欢。

师：我们一起来听一首大家都非常熟悉的儿歌吧。

多媒体播放儿歌：1只青蛙1张嘴，2只青蛙2张嘴，3只青蛙3张嘴。

师：我们接着往下编：10只青蛙——（　　　）张嘴，20只青蛙——（　　　）张嘴，50只青蛙，1000只青蛙……同学们接得又快又准，能说说你是怎么想的？

生：有多少只青蛙就有多少张嘴。

师：照这样的规律，如果继续往下编，能编完吗？

生：编不完。

师：对，这是一首永远都编不完的儿歌。谁有本事把这首永远编不完的儿歌用一句话表示出来？（出示：＿＿＿＿只青蛙＿＿＿＿张嘴）

引导学生尝试用字母表达。

生1：a只青蛙b张嘴。

生2：几只青蛙就有几张嘴，a只青蛙有a张嘴。

生3：n只青蛙有n张嘴。

师：青蛙的只数用n来表示，嘴巴的张数也用同一个字母n来表示，这样有什么好处呢？

生3：说明几只青蛙就有几张嘴。

师：老师用n来表示青蛙的只数，n只青蛙就有n张嘴，从这里我们能很清楚地看出，青蛙的数量和嘴巴的数量是一样的。

小结：同学们，这个小小的字母就把青蛙的只数和嘴巴的张数表示得清清楚楚，既简洁又高度概括。

设计意图：引导学生用数学的符号把要说的话表达出来，使学生充分经历用数学的语言简洁地表达生活现象的过程，使学生初步感知符号表达的简洁性。

活动二："猜年龄"——在加法中体会用字母表示数

师：我们班的同学既善于观察，又爱动脑筋思考，谁愿意告诉老师你叫什么名字，今年几岁了？

生发言，师板书年龄。

师：大家猜老师今年几岁了？

生猜测，师板书。

师：到底谁猜的年龄最接近呢？告诉大家，我比小明同学大25岁。如果时光可以倒流，回到小明同学1岁的时候，老师几岁？可以列式吗？时光在不经意间向前流淌，小明同学2岁了，老师几岁？3岁时呢，老师几岁？

学生回答，老师板书。

老师比小明大25岁。

表3-3-1

小明的年龄	老师的年龄
1	1+25
2	2+25
3	3+25
…	…

师：同学们，请认真观察，什么是不断变化的？什么是永远不变的？

生：小明的年龄和老师的年龄是不断变化的，老师比小明大25岁是永远不变的。

师：当小明a岁时，你能用一个式子表示老师的年龄吗？

生：用$a+25$表示老师的年龄。

师：你是怎么想的？

生：a是小明的年龄，老师比小明大25岁，所以$a+25$就是老师的年龄。

师：大家同意吗？看来$a+25$既表示老师的年龄，又可以表示年龄之间的关系。

师：这个a可以是任意数吗？为什么？

生：不可以，人的生命是有限的。

师：据调查，目前世界上最长寿的人是148岁。因此表示年龄的字母a的取值也是有范围限制的。

师：如果老师的年龄用b表示，那么小明同学的年龄应该怎样表示？

生：$b-25$。

师：b可以是任意数吗？

生：不可以。

师：当$b=45$时，小明同学几岁了？

小结：同学们很善于思考，通过观察、比较、归纳，知道了字母可以表示数，含有字母的式子既可以表示数，还可以表示数量间的关系。

设计意图：通过猜年龄的活动，让学生的思维充分碰撞，基于学生的认知基础，让学生经历从用字母表示数到用字母表示数量关系的跨越，帮助学生深入地理解符号表达的数量关系，感受用字母表达的简洁和直观。

活动三：数青蛙——在乘法中体会用字母表示数

1.用字母表示。

师：同学们请看，小青蛙又回来了。能告诉老师一只青蛙有几只眼睛吗？两只青蛙呢？可以列式吗？3只呢？怎样列式？小青蛙越来越多，我们可以用什么来表示青蛙不断变化的只数以及眼睛的只数？

生：用字母a来表示青蛙的只数，用$a \times 2$表示眼睛的只数。

师：为什么用$a \times 2$表示眼睛的只数？

生：眼睛的只数是青蛙只数的两倍。

师：真好，$a \times 2$既表示青蛙的只数又表示青蛙只数与眼睛数之间的关系。

表3-3-2

青蛙的只数	青蛙眼睛的只数
1	1×2
2	2×2
3	3×2
…	…
a	$a \times 2$

2. 简写方法。

师：像$a \times 2$这样含有字母的乘法式子，还有更简便的写法，想知道吗？请同学们打开书第94页自学。

生汇报、交流自学成果。

小结：通过观察、比较、归纳我们知道了含有字母的式子可以表示数以及数量间的关系。看来，同学们对字母表示数的意义有了进一步的认识。

设计意图：整个新授过程让学生经历符号表示数、符号表达关系的符号表征过程，激活学生积极的情感体验，学生通过经历把知识符号化的过程，深刻理解用字母符号表示数、数量关系的内涵，体验用符号表征问题的必要性和优越性。学生的学习由算术语言向代数语言自然过渡，促进学生逐步建构符号模型。

（三）尝试"符号"运用

1. 编儿歌。

师：下面我们接着来编数青蛙的儿歌。

1只青蛙1张嘴，2只眼睛4条腿；

2只青蛙2张嘴，4只眼睛8条腿；

3只青蛙3张嘴，6只眼睛12条腿……

师：请把你发现的规律在小组内说一说，并用含有字母的式子表示出这首复杂的儿歌。

出示：

_____只青蛙_____张嘴，_____只眼睛_____条腿

小组讨论，交流反馈。

引导明确：字母可以表示任意的只数，根据眼睛数、腿数与青蛙只数的倍数关系，用字母表示能让我们一眼就看出这首儿歌中的数量关系。

2. 帮助小青蛙：请帮忙把我们牌子上的算式变简便一些。

师：可爱的小青蛙们知道大家学会了含有字母算式的简便写法，就来请大家帮个忙，我们一起看看吧。

课件出示：

$8 \times x$ $a+25$ $a \times b$ $b-25$ $18 \div c$

生独立思考，全班交流。

明确：如果把这里的"+、−、÷"都省略掉，式子将变成$25a$、$25b$和$18c$，从而全都变成乘法式了，就改变了原来式子的意义。因此，在含有字母的式子中，"+、−、÷"都是不能省略的，只有乘号可以省略。

3. 猜拳游戏：选择正确的答案并用手势表示。

1. 笑笑有20元钱，买书包用去a元，还剩下（　　　）元。

锤子20-a　　　　　　剪刀20a　　　　　　布a-20

2. 一个长方形的宽是80厘米，长是x厘米，面积是（　　　）平方厘米。

锤子80+x　　　　　　剪刀80x　　　　　　布（80+x）×2

3. 一个手有5个手指，n个手有（　　　）个手指。

锤子5+n　　　　　　剪刀n+5　　　　　　布5n

小结：用含有字母的式子能够准确地表达数量间的关系。

设计意图：本环节通过引领学生运用符号解决问题，让学生明确用符号可以表示数及数量关系，感受符号在数学中的价值，尝试运用符号思考，逐步加深对于符号的认识，实现知识的学习由浅层学习向深度理解的逐步推进。

（四）感受"符号"文化

师：数学知识历史源远流长，我们看来简单的用字母表示数的知识其实是数学家们经过数百年的探索才得出的，让我们打开数学的历史之门，去了解用字母表示数的历史吧。

拓展阅读：在历史上，为了使表达更加简便，古希腊数学家想到了用字母的缩写来表示数量间的关系。到17世纪，法国数学家韦达把字母当作符号来表示数之后，像这些式子就表示成了a×4，字母"a"已经不表示任何具体的意义。自从韦达使用字母表示数后，许多数学难题得到了解决，数学获得了飞速发展，韦达被称为现代"代数学"之父。

小结：用字母表示数的例子在生活中有很多，这在我们今天看来是再寻常不过的事情，它的诞生却是一个伟大的创造。

设计意图：通过拓展阅读让学生感受数学发展的悠久历史，通过数学文化的渗透，提升学生的数学素养。

（五）拓展"符号"意识

师生交流谈收获。

全课总结：伟大的科学家爱因斯坦在谈成功的秘诀时写下的一个公式：$A=X+Y+Z$。A代表成功，X代表艰苦的劳动，Y代表正确的方法，Z代表少说空话。希望同学们能在这个公式中得到启发。

【课后思考】

（一）遵循认知规律，发展符号意识

符号意识的形成不是一蹴而就的，要基于学生已有的生活经验和活动经验，要尊重学生的认知规律。创造贴近学生生活经验的情境，遵循从简单到复杂，从具体到抽象的规律，让学生经历"形象—抽象—符号"的符号化过程，从而让学生获得用字母进行数学表达与思考的体验。

（二）着眼探究过程，发展符号意识

本节课的探究过程着力于用字母表示数的动态形成过程，着眼于用字母表示数量关系的体验过程。学生在经历比较、分析用符号表示数和数量关系的同时深刻理解符号的内涵，积极促进学生抽象思维的发展，助力学生发展符号意识。

（三）渗透数学文化，发展符号意识

数学符号的发展历程见证着数学的发展，本节课通过对符号文化的阅读，让学生感受到每一个看似简单的符号后面都有着悠久的发展历程和有趣的故事，在认识和使用符号的同时，了解符号的发展史，渗透数学文化，有助于学生深入理解符号的意义，感受符号产生的必要性，发展符号意识。

第 四 章

运算能力

　　运算能力主要是指根据法则和运算规律进行正确运算的能力。能够明晰运算的对象和意义，理解算法与算理之间的关系；能够理解运算的问题，选择合理简洁的运算策略解决问题；能够通过运算促进数学推理能力发展。运算能力有助于形成规范化思考问题的品质，养成一丝不苟、严谨求实的科学态度。

——《义务教育数学课程标准（2022 年版）》

第一节 运算能力概述

一、课程标准对运算能力的表述

运算能力是数学能力的重要组成部分，运算能力的发展能促进学生"数学推理能力的发展"，有助于学生"形成规范化思考问题的品质，养成一丝不苟、严谨求实的科学态度"。[①]1986年教育部颁发的《全日制小学数学教学大纲》将培养运算能力作为小学数学教学的重要任务。

《义务教育数学课程标准（2011年版）》将"运算能力"作为数学课程的十大核心概念之一，并在课程内容中明确了运算能力主要是指：能够根据法则和运算律正确地进行计算的能力，培养运算能力有助于学生理解运算的算理，寻求合理、简洁的运算途径解决问题。[②]

《义务教育数学课程标准（2022年版）》对"运算能力"的主要表现及其内涵作了更加明确的界定。"运算能力主要是指根据法则和运算规律进行正确运算的能力。能够明晰运算的对象和意义，理解算法与算

[①] 孙晓天，张丹. 义务教育课程标准（2022年版）课例式解读：小学数学［M］. 北京：教育科学出版社，2022：57.

[②] 教育部. 义务教育数学课程标准（2011年版）［M］. 北京：北京师范大学出版社，2012：5.

理之间的关系；能够理解运算的问题，选择合理简洁的运算策略解决问题；能够通过运算促进数学推理能力发展。运算能力有助于形成规范化思考问题的品质，养成一丝不苟、严谨求实的科学态度。"①

拥有运算能力首先表现为能够明晰运算的对象和意义，理解算法与算理之间的关系，这是正确进行运算的基础；其次表现为能够理解运算的问题，选择合理简洁的运算策略解决问题，这是对运算的应用。②运算的正确、灵活、合理是运算能力的主要特征。

《义务教育数学课程标准（2022年版）》在学段的"具体目标"和"课程内容"中均对符号意识的学业要求和所要达到的程度进行了详细的说明，并在教学建议部分提出了可操作的建议，这些说明和建议有助于教师在日常教学中准确把握运算教学的方向、明确学业达成目标（表4-1-1）。

表4-1-1

学段	学习领域	学业要求
第一学段（1~2年级）	数与代数	能描述四则运算的含义，知道减法是加法的逆运算、乘法是加法的简便运算、除法是乘法的逆运算；能熟练口算20以内的加减法和表内除法，能口算简单的百以内数的加减法；能计算两位数和三位数的加减法。形成初步的运算能力
第二学段（3~4年级）	数与代数	能计算两位数乘三位数。会进行同分母分数的加减运算和一位小数的加减运算。形成运算能力能描述减法与加法的关系、除法与乘法的关系；能进行整数四则混合运算（以两步为主，不超过三步）

① 教育部.义务教育数学课程标准（2022年版）[M].北京：北京师范大学出版社，2022：7.
② 孙晓天，张丹.义务教育课程标准（2022年版）课例式解读：小学数学[M].北京：教育科学出版社，2022：57.

续 表

学段	学习领域	学业要求
第二学段 （3～4年级）	数与代数	能正确运用小括号和中括号。能说出运算律的含义，并能用字母表示；能运用运算律进行简便运算，解决相关的简单实际问题，形成运算能力
第三学段 （5～6年级）	数与代数	能进行简单小数和分数的四则运算和混合运算（不超过三步），并说明运算过程。能在较复杂的真实情境中，选择恰当的运算方法解决问题，形成运算能力

从表4-1-1中可以看出，对小学阶段"运算能力"素养的形成与发展主要体现在"数与代数"领域。第一学段运算能力的培养目标是"形成初步的运算能力"，第二、三学段的目标则是"形成运算能力"，运算能力的培养贯穿小学阶段全过程。

二、关于数的运算"一致性"的解读

《义务教育数学课程标准（2022年版）》十分强调让学生体会"数意义"和"数运算"本质上的"一致性"。让学生经历算理和算法的探索过程，理解算理，掌握算法，初步体会数是对数量的抽象，感悟数的概念本质上的一致性，形成数感和符号意识；感悟数的运算以及运算之间的关系，体会数的运算本质上的一致性，形成运算能力和推理意识。[①]在三个学段的教学建议部分，对每一学段的"数的意义"和"数的运算"的一致性提出明确的、可操作的建议（表4-1-2）。

---

① 教育部. 义务教育数学课程标准（2022年版）［M］. 北京：北京师范大学出版社，2022：18.

表4-1-2

	关于"数的运算"一致性的教学建议
第一学段	数的运算教学应让学生感知数的加减运算要在相同数位上进行，体会简单的推理过程，引导学生通过具体操作活动，利用对应的方法理解加法的意义，感悟减法是加法的逆运算 在具体情境中，启发学生理解乘法是加法的简便运算，感悟除法是乘法的逆运算
第二学段	数的运算教学应利用整数的乘法运算，理解算理与算法之间的关系，在进行除法计算的过程中，进一步理解除法是乘法的逆运算。在这样的过程中，感悟如何将未知转为已知，形成初步的推理意识 通过小数加减运算、同分母分数加减运算，与整数运算进行比较，引导学生初步了解运算的一致性，培养运算能力
第三学段	数的运算教学应注重对整数、小数和分数四则运算的统筹，让学生进一步感悟运算的一致性 理解整数、分数、小数的加减运算都要在同计数单位下进行，感悟加减运算的一致性

教师有了数学运算教学"一致性"的整体理念，在教学中沟通数的运算的一致性，帮助学生体会知识之间的本质联系，能有效促进学生学习的正迁移，提升学生数学运算能力。

第二节　运算能力教学策略

　　运算能力既是数学操作的能力，也是数学的思维能力。数的运算是培养学生推理能力的重要载体，在小学数学教学中培养学生的运算能力，有助于学生进一步学习数学及其他学科的知识，解决生活中的实际问题，感受数学与生活的密切联系。

一、在"算理"与"算法"的有机融合中，形成运算能力

　　算法旨在明白"怎样计算"，算理旨在解答"为什么这样算"。运算教学的重点应该放在对"算理"的理解上，理解"算理"是掌握"算法"并灵活运用运算解决问题的前提。所以，教师要在教学中应引导学生充分理解"算理"，通过直观、操作等方法，让"算理"和"算法"有机融合，提升学生的运算能力。

　　例如，对于"乘法分配律"的学习，学生如果只是将分配律背诵得滚瓜烂熟，但是没有理解乘法分配律的算理，当面对各种变式的计算时，学生仍然会无从下手，错漏百出。运用乘法分配律时，学生常常会出现这样的错误，如 $23 \times 102 = 23 \times 100 + 2$，部分学生无法理解 $23 \times 102 = 23 \times 100 + 2 \times 23$ 算式中为什么多了一个23，说明学生没有真正理解乘法分配律的底层逻辑是根据乘法算式的意义来进行简便运算，教师需要引导

69

学生从算式的意义上理解，求102个23相加的和，可以分开求100个23是多少，再加上2个23，再引导学生感受$23 \times 102 = 23 \times 100 + 2 \times 23$的算法和用竖式计算的算法是一样的，只是表述的形式不同，帮助学生深入理解算理，感受算法的一致性。

二、感悟运算的"一致性"，形成运算能力

对数的运算的教学要注重对整数、小数和分数四则运算的统筹，鼓励学生感悟运算的一致性。从整体上理解和掌握运算的算理和算法，认识计算方法的共性，提升学生的运算能力和推理意识。教师在备课时，要站在整数、小数和分数运算一致性的高度，来看待整个小学阶段的运算教学。[①]在学习每一部分内容时，都要引导学生思考：今天我们掌握的这个知识，与以前学过的哪些知识有关，它们有什么异同？建构知识之间的联系，让学生感受数学运算本质上的一致性。

例如，在学习小数加减法之后，就要引导学生思考：我们是怎样学会小数加减法的？小数加减法和我们以前学习的整数加减法有什么相同点和不同点？学生通过思考、交流，能够感悟到原来整数、小数的加减运算都需要在相同计数单位下进行，感悟运算的一致性，建构知识网络体系，形成"整体观"和"一致观"。

三、关注问题解决策略，形成运算能力

人们的学习、工作和生活中都离不开运算，运算是帮助人们解决实际问题的工具，它与实际生活有着密切的联系。能灵活运用合理的运算

[①] 孙晓天，张丹. 义务教育课程标准（2022年版）课例式解读［M］. 北京：教育科学出版社，2022：58.

策略解决生活中的实际问题，是学生素养能力的重要体现。

网络上曾经流行过一个段子，抨击当时的数学教育学得越久，就越是让孩子丧失思维的灵活性。上二年级的哥哥和上一年级的妹妹跟着妈妈去饭店就餐，结账时需要支付198元，妹妹很快告诉妈妈，给200元，找回2元，妈妈很奇怪地询问妹妹，你是怎样算的？妹妹说："198再数两个就是200呀？"妹妹用数数的方法快速解决了三位数减法的问题，哥哥还在计算200-198等于多少。无论故事是否真实，都体现出生活中灵活运用运算策略解决问题的重要性。

例如，在学习了乘法之后，学生常常需要解决这样的问题：桌子一张136元，椅子一把64元，买这样的桌椅9套，需要多少钱？有两种计算方法：$136 \times 9 + 64 \times 9$，（$136+64$）$\times 9$。有的学生分开计算9张桌子和9把椅子的价格，然后加起来。而有的学生选择算出一套桌椅的价格，再计算9套的总价。教师可以引导学生通过比较、交流，感受选择合理运算策略能够提高解决问题的效率和正确率，让学生养成灵活选择运算方法解决生活问题的良好思维习惯。

四、关注数学思想的渗透，提升运算能力

在"数与运算"教学中"感悟如何将未知转为已知，形成初步的推理意识"是课程标准提出的教学建议。数学思想作为"四基"之一，说明了数学思想在数学教学中的重要地位。数学思想的渗透可以加深学生对运算法则、定律等数学知识本质上的理解，发展学生的思维，提升学生的运算能力。"数与运算"教学中为了让学生理解抽象的算理，常常需要借助点子图、小棒图、数轴等直观材料，帮助学生理解算理，掌握算法，渗透数形结合的思想。遇到新的问题时，教师要有意识地引导学生主动思考已学过的哪些知识能解决这个问题，建构未知与已知知识

之间的联系，探究问题解决的方法，感悟转化思想，形成初步的推理意识。

例如，学习"小数乘法"时，可以引导学生思考：我们遇到了新问题，我们已经学过的哪些知识和这个新问题有关？能不能通过运用已经学过的知识来解决这个新问题？学生已经学过整数乘法，根据已有的学习经验，引导学生主动建构整数乘法和小数乘法之间的联系，尝试将小数乘法转化成整数乘法来计算，在将"未知"转化为"已知"的过程中，感悟转化思想，提升运算能力。

第三节　运算能力教学案例

凸显运算本质　发展运算能力

——"有几瓶牛奶—9加几"教学实践与思考

版本：北师大版

年级：一年级

领域：数与代数

核心素养：运算能力、几何直观

【学习内容】

北师大版数学一年级上册79～80页。

【背景和学情分析】

"9加几"是进位加法的起始课，也是后续学习的重要基础。本节课前，学生已经掌握了10以内加减法、十进制和位值制、20以内不进位加法与不退位减法，知道相同数位的数可以相加减。学生有能力独立探索"9加几"的计算方法。教师要为学生提供独立探索的素材和条件，教学的着力点应放在学生独立探索之后的点拨和引导。

本节课学生仅仅学会计算"9加几"是远远不够的，教学的着力点应该放在让学生经历探索"9加几"的计算方法的过程，借助摆小棒、拨计数器的直观操作，引导学生理解运算本质，沟通算法和算理之间的关系，进一步感知"位值制"及"十进制"，能结合生活原型理解感受"9加几"计算的应用价值，通过学习让学生对运算本质及其思想方法有所体悟，使学生应用意识和运算能力得到初步培养。

【学习目标】

1. 经历探索"9加几"进位加法计算方法的过程，结合具体情境，借助摆小棒、拨计数器的直观操作活动，理解"凑十"的计算策略和进位的计算道理，能正确计算"9加几"，发展运算能力。

2. 经历从直观运算到算法运算的探索过程，深刻理解算理，灵活掌握算法。

3. 感受数学的应用价值，形成应用意识。

【学习准备】

计数器、多媒体、小棒

【学习过程】

（一）情境引入，问题导思

课件呈现教材主题图。

师：这两盒牛奶一共有几瓶？能列个算式吗？

生：9+5。

板书：9+5。

师：今天我们就一起来研究怎样计算9+5。

板书课题：九加几。

设计意图：借助情境图，迅速聚焦学生思维，切入本课核心问题的探究。

（二）算法探究，思维建构

1. 借助小棒分析算法。

师：你能借助手中的小棒，自己算出9+5等于几吗？与同桌交流你的算法。

学生尝试独立解决，并汇报交流。

① 数数法。

生1：我先摆9根小棒，再摆5根小棒，一根一根地数，一共是14根小棒，所以9+5=14。

师：用数数的方法，把两堆小棒合并起来数，得到14根小棒，真好。

生2：我也是先摆9根小棒，再摆5根小棒，但是左边9根我没有数，就数右边5根小棒，从10开始数，数5根小棒数：10，11，12，13，14。就得到14根小棒。

师：都是用数小棒的方法来计算，这两种方法有什么相同的地方，有什么不同的地方？

生3：相同的地方是都要把9根小棒和5根小棒摆好，不同的地方是第二个数法，数得比较简单，就是我们以前学的"记住大数，数小数"的办法。

小结：无论怎样数，都是把9和5合并起来。用以前学过的方法来解决新问题，真好！

② 凑十法。

师：还有不同的方法吗？

生4：我是这样算的，左边摆9根小棒，右边摆5根小棒，左边9根小棒差一根就是10了，从右边拿一根给左边，就变成10和4，就是14根小棒。

师：同学们觉得他的方法怎么样？

生5：他的方法不用数，把左边的小棒凑成10，然后一下子就看出来一共有多少根小棒。

师：是的，把9凑成10，计算起来非常简便。老师把这位同学的方法记录下来。

板书：

$9+1=10$

$10+4=14$

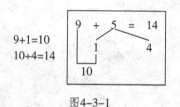

图4-3-1

生6：我是这样算的，左边摆9根小棒，右边摆5根小棒，从左边9根小棒那里拿5根，和右边的5根合起来就是10根小棒了，一共是14根小棒。

板书：

$5+5=10$

$10+4=14$

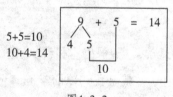

图4-3-2

师：你的办法和刚才那位同学的方法有没有相同的地方？

生6：都要把一边的小棒凑成10个。

师：会计算，还会思考。我们给这个方法起个名字，叫什么合适呢？

生6：可以叫满十法。

生7：可以叫凑十法。

师：不管叫什么，它们的意思都是一样的，都是要把其中一个数凑成10。

2. 借助计数器理解算理。

师：把刚才的计算过程，在计数器上拨一拨，你有什么发现和体会？

生拨计数器，交流感受。

生：在个位先拨9个，加5的时候，拨一个就满十，要向十位进一，然后再拨4个，就是14。

师：如果没有小棒、计数器，你们能在头脑中想象9加几计算过程吗？闭上眼睛想象一下。

生想象。

设计意图：借助摆小棒探索直观算法，并用算式记录摆小棒的过程与结果，突出"凑十"的策略，突显运算本质。拨计数器有体验"位值制"的功能，摆小棒与拨计数器均有助于学生理解"满十进一"，理解运算本质。

3. 借助算法，理解算理。

课件呈现：智慧老人的算法

① 9+5=10+4=14

② 10+5=15，9+5=14

师：你能看得懂智慧老人的算法吗？你读懂了什么？

引导学生理解：两数相加，其中一个数加1，另一个数减1，得数不变。两数相加，9+5看成10+5等于15，得数要减少1。

设计意图：这样剥离直观操作，直接从算式出发，以"凑十法"为思考基点，用抽象的数进行思考，在有效培养学生数感的同时，也体现了计算策略的灵活运用，有助于提升学生的运算能力。

（三）梳理算法，彰显本质

课件呈现如下3幅图：

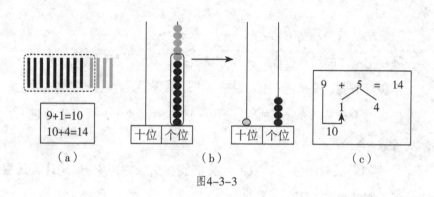

图4-3-3

师：观察这3幅图，你有什么想说的？

引导学生说出三者的共同点，沟通3种不同算法之间的关系。

设计意图：经历直观运算有助于学生深刻理解算理，但不能停留于直观层次的教学，最终须摆脱直观运算向抽象水平迈进。本环节引导学生说出三种算法的共同点，打通不同算法之间的关联，同时也沟通了算理与算法之间联系，突显"9+5"的运算本质在于"凑十"和"进位"，突出运算本质，促进学生思维发展，发展运算能力。

（四）寻找原型，解释应用

1.圈一圈，算一算。

9+3=（　　　）　　　9+9=（　　　）

学生独立完成，并在完成后交流算法。

2. 看图解决问题。

　　一共有多少个苹果?　　　　　　　　一共有几支笔?

引导学生表述图中的信息,明确问题,学生独立完成,交流分享。

3. 解决问题。

原来有(　　　)辆车,又开来(　　　)辆,一共有(　　　)辆。

独立完成,全班交流。

(五)总结全课,畅谈收获

师:通过本课学习,你学会了什么?你印象最深刻的是什么?

生谈收获和感受。

全课总结:这节课,每一位同学都能积极开动脑筋,想出很多种办法来计算并解决问题,同学们积极参与、认真思考,主动发言的良好学习习惯老师非常喜欢。课后,请同学们用这节课学到的本领来解决生活中的问题。

【课后思考】

(一)借助操作,明晰算法算理

　　一年级学生以直观形象思维为主,其对抽象算理的学习需要借助直观操作来帮助理解。动手操作融"理"入"法",是低年级算法探究的重要手段。学生带着问题进行直观操作,手脑并用,更能带动思维走向深刻。在算法探究的教学环节，结合问题设计了两个层次的操作活动：摆小棒和拨计数器，让学生边操作边思考。学生在直观操作中轻松理解"凑十"原理。通过计数器，加深学生对"满十进一"的体验，并进一步理解位值概念，发展运算能力。

（二）巧设推理，活用运算策略

由一个或几个已知的判断，推导出一个未知结论的思维过程叫推理。当学生借助摆小棒、拨计数器探索"9+5"的直观运算后，借助智慧老人的两种算法，即9+5=10+4=14和10+5=15，9+5=14，将学生的思维引向深入，通过讨论"能否看懂，你读懂了什么"，让学生在理解"凑十法"的基础上从算式出发，用抽象的数进行思考，以"凑十法"为思考基点，在有效培养学生数感的同时，也体现了计算策略的灵活性。

（三）注重联系，突显运算本质

沟通多种方法的联系，既是对学生思维过程的梳理，也是对学生思维水平的拓展与提升。本节课呈现"小棒图""计数器图""算式记录"三种计算方法，让学生进行观察、比较、思考，引导学生说出三者的共同点，打通不同算法之间的关系，同时也沟通了算理与算法之间的关系，突显正整数加法的运算本质在于"凑十"和"进位"。

第五章

几何直观

　　几何直观主要是指运用图表描述和分析问题的意识与习惯。能够感知各种几何图形及其组成元素，依据图形的特征进行分类；根据语言描述画出相应的图形，分析图形的性质；建立形与数的联系，构建数学问题的直观模型；利用图表分析实际情境与数学问题，探索解决问题的思路。几何直观有助于把握问题的本质，明晰思维的路径。

——《义务教育数学课程标准（2022年版）》

第一节　几何直观概述

一、课程标准对几何直观的表述

"几何直观"是公民的一项基本素养。数学知识存在着一定的抽象性，借助几何直观能将抽象的数学知识以一种更直观的方式进行呈现，帮助学生更好地理解知识的本质。

《全日制义务教育数学课程标准（实验稿）》在描述"空间观念"的主要表现时提出："能运用图形形象地描述问题，利用直观来进行思考。"这也是"几何直观"的主要表现，同时也说明，"几何直观"和"空间观念"关系密切，两者相互支撑。

《义务教育数学课程标准（2011年版）》在课程基本理念中指出："要重视直观，处理好直观与抽象的关系。"[1]在课程内容板块对于几何直观内涵标准作了描述性解释："几何直观主要是指利用图形描述和分析问题。借助几何直观可以把复杂的数学问题变得简明、形象，有助于探索解决问题的思路，预测结果。几何直观可以帮助学生直观地理解

---

[1] 教育部.义务教育数学课程标准（2011年版）［M］.北京：北京师范大学出版社，2012：5.

数学，在整个数学学习过程中都发挥着重要的作用。"①

《义务教育数学课程标准（2022年版）》对"几何直观"的内涵及表现作出了更加明确的界定："几何直观主要是指运用图表描述和分析问题的意识与习惯。能够感知各种几何图形及其组成元素，依据图形的特征进行分类；根据语言描述画出相应的图形，分析图形的性质；建立形与数的联系，构建数学问题的直观模型；利用图表分析实际情境与数学问题，探索解决问题的思路。几何直观有助于把握问题的本质，明晰思维的路径。"②

加强几何直观教学，是培养学生数学素养的有效途径。从课程标准对"几何直观"内涵的描述中可以看出，"几何直观"是一种意识，是一种习惯，更是帮助学生直观地理解数学的思考方式。这就要求教师要有良好的几何直观的课程意识，善于挖掘课程中几何直观资源，明确几何直观的学业要求，引导学生在课程学习的过程中，感受几何直观的价值，发展学生的几何直观意识（表5-1-1）。

表5-1-1

学段	学习领域	学业要求
第一学段（1~2年级）	数与代数	能在解决问题的过程中，体会解决问题的道理，解释计算结果的实际意义，感悟数学与现实世界的关联，形成初步的几何直观
第二学段（3~4年级）	数与代数	能在真实情境中，发现常见数量关系，感悟利用常见数量关系解决问题；形成初步的几何直观意识

① 教育部. 义务教育数学课程标准（2011年版）[M]. 北京：北京师范大学出版社，2012：5.

② 教育部. 义务教育数学课程标准（2022年版）[M]. 北京：北京师范大学出版社，2022：8.

续 表

学段	学习领域	学业要求
第二学段 （3～4年级）	图形与几何	会比较角的大小；能说出直角、锐角、钝角的特征，能辨认平角和周角；会用量角器测量角的大小，能用直尺和量角器画出指定度数的角；会用三角板画30°，45°，60°，90°的角 会根据角的特征对三角形进行分类，认识直角三角形、锐角三角形和钝角三角形；能根据边的相等关系，认识等腰三角形和等边三角形。能说出长方形、正方形、平行四边形、梯形的特征；能说出图形之间的共性与区别。形成空间观念和初步的几何直观。在解决图形周长、面积的实际问题过程中，逐步积累操作的经验，形成量感 能在实际情境中，辨认出生活中的平移、旋转和轴对称现象，直观感知平移、旋转和轴对称的特征，能利用平移或旋转解释现实生活中的现象，形成空间观念
第三学段 （5～6年级）	数与代数	能在具体情境中描述成正比例的量$\frac{y}{x}=k$（$k\neq0$），能找出生活中成正比例的量的实例；能根据给出的成正比例关系的数据在方格纸上画图，了解$y=kx$（$k\neq0$）的形式，能根据其中一个量的值计算另一个量的值 能解决较复杂的真实问题，形成几何直观意识
	图形与几何	能根据指定参照点的具体方向和距离描述物体所处位置；能在熟悉的情境中，描述简单的路线图，形成几何直观

二、几何直观的表现形式

了解几何直观的表现形式，有助于教师把握教材，将几何直观的培养目标落实在每一个课堂的教学细节之中。

众多专家和一线教师对几何直观的内涵及表现形式进行了深入的研究，虽然研究者对几何直观主要表现形式的解读框架各有千秋，但也有异曲同工之处。从研究者的表述中我们可以明确，发展几何直观要遵循学生认知发展的规律，循序渐进地引导学生用相应的直观方式解决问题，发展思维；发展几何直观还要引导学生感受借助几何直观解决问题的过程，培养良好的运用图表描述分析问题的习惯。

首先，我们要认识几何直观中的"直观"的表现形式有哪些。孔凡哲、史宁中教授在《关于结合直观的含义与表现形式》一文中对中小学数学的几何直观具体表现形式做了分类及详细的阐述，对我们了解几何直观的类型有很大帮助。在中小学数学中，几何直观具体表现为如下四种表现形式：一是实物直观，二是简约符号直观，三是图形直观，四是替代物直观。①这四种直观形式逐渐从较"低级"的抽象逐渐向较"高级"的抽象过渡。

孙晓天、张丹教授在《义务教育课程标准（2022年版）小学数学课例式解读》一书中指出，针对课程标准对几何直观的表述，我们可以从两个方面去理解："一方面，我们用图形去描述、分析问题，首先要对图形及其特征有一定的认识；另一方面，几何直观能够帮助我们更好地把握问题的本质。②"能够准确"把握问题的本质"是拥有良好数学素养的体现。

教师要了解几何直观形式的表现层次，遵循学生认知发展的规律，在日常教学中，引导学生采用相应的直观方式解决问题，发展几何直观能力；鼓励学生养成随时画图、列表的习惯，通过直观表达，把握问题本质，发展几何直观水平。

---

① 孔凡哲，史宁中.关于几何直观的含义与表现形式——对《义务教育课程标准（2011年版）》的一点认识［J］.课程·教材·教法，2012，32（7）：92-97.

② 孙晓天，张丹.义务教育课程标准（2022年版）课例式解读［M］.北京：教育科学出版社，2022：58.

第二节　几何直观教学策略

在教学过程中，几何直观不仅应体现在理念层面，更应该表现在具体的教育教学过程之中。教师要具备培养学生几何直观的自觉意识，将几何直观的培养落实在课堂教学的每个环节，以帮助学生发展几何直观。

一、"动"起来，在操作活动中形成几何直观

小学阶段是学生形成几何直观能力的关键时期。小学数学课程中"图形与几何"板块内容占有很大的比例，在探索图形特征与图形关系的教学中，教师要引导学生参与观察、操作、想象、推理、表达的全过程，让学生"动"起来，在动手操作、表述交流活动中形成个人的经验，感受和理解图形的本质特征，形成初步的几何直观。

例如，在"圆的面积"公式的推导过程中，要先引导学生回顾已经学过的图形面积公式，使其思考："如何将圆的面积转化成已经学过的图形的面积进行计算？"学生在充分的思考、讨论、交流后，尝试将圆沿直径剪开，分割成若干个相同的扇形，然后拼接成近似长方形，通过合情推理，得到圆面积公式。在整个学习的过程中，学生动脑、动手、动口，全方位参与探索过程，在"动"的过程中，学生能真正理解圆的面积公式，发展推理能力和几何直观。

二、"画"出来，在数形结合中发展几何直观

将抽象的数学语言、数量关系与直观的几何图形结合起来，通过"以形助数""以数解形"，使复杂问题简单化，抽象问题具体化，从而实现优化解题途径的目的。直观的图可以跨越语言文字等障碍，更简明、直观地呈现信息，帮助学生更好地分析问题、理解问题的本质。在教学中，教师引导学生动手"画"，将数学信息、数量关系用直观的形式加以表达，让学生在数形结合的过程中，把握问题的本质，发展几何直观。

例如，"异分母分数加减法"的计算教学中，让学生理解异分母分数加减法为什么要先通分后再加减的算理是教学的难点。教学时，教师可以引导学生通过画图的方式进行分析和思考，直观的图形让学生更容易理解相同计数单位才能相加减的算理，帮助学生养成用画图的方式分析问题的良好习惯。

三、主动"用"，在解决问题中发展几何直观

《义务教育数学课程标准（2022年版）》在描述几何直观的主要表现中指出："要利用图表分析实际情境与数学问题，探索解决问题的思路。"说明几何直观在分析问题和解决问题的过程中发挥着重要的作用。教学中要鼓励学生利用画图列表等方式分析问题，探索解决问题的思路，养成随时画图列表的习惯。[①]

例如，在北师大版三年级"有趣推理"的学习中，教材通过让学生

[①] 孙晓天，张丹.义务教育课程标准（2022年版）课例式解读［M］.北京：教育科学出版社，2022：59.

解决"分别在哪个兴趣小组"和"飞机模型分别放在柜子的什么位置"的问题，引导学生体验通过列表和分类的方式进行推理的过程。教师要引导学生尝试用"表格法"进行数学的推理，并引导学生完整地描述推理的过程，让学生感受用图表分析问题的直观性和简洁性，经历探索问题的过程，养成用画图和列表的方式分析问题、解决问题的良好习惯。

第三节 几何直观教学案例

建立"数"与"形"的联系 发展几何直观

——"数图形的学问"教学实践与思考

版本：北师大版

年级：四年级

领域：综合与实践（"数学好玩"）

核心素养：几何直观、推理意识

【学习内容】

北师大版数学四年级上册93～94页。

【背景与学情分析】

"数图形的学问"属于"综合与实践"领域"数学好玩"的内容。本节课的主要内容是简单的排列组合问题，是学习统计概率的基础，在生活中有着广泛的应用。数线段方法的关键是有序思考，保证不重复、不遗漏是有序思考的关键，学生在前面的学习中积累了丰富的有序思考经验。教材创设了"鼹鼠钻洞"和"菜地旅行"两个有趣的学习情境，由简单到复杂，引导学生经历不重复、不遗漏地数图形的过程，感受问题中隐含的数学规律，培养学生有序思考的习惯，激发学生用直观图形描述自己的思路，有助于学生分析问题、解决问题，感受几何直观不仅可以将复杂的问题变得简单，方便交流，发展学生的几何直观能力和推理意识。学生能够在问题解决的过程中抽象出解决问题的基本模型，感受模型在问题解决中的作用，形成模型意识。

【学习目标】

1. 结合问题情境及生活经历把现实问题抽象成图形的数学问题，并利用多样化的画图策略解决问题的过程，发展几何直观。

2. 在数图形的过程中，逐步形成有序思考的良好习惯，发展推理能力，渗透模型意识。

3. 在发现规律的过程中，能够独立思考和自主探究，有条理地表达解决问题的过程和结果，增强学习的自信心，提高对数学问题探索的兴趣。

【学习准备】

学习任务单

【学习过程】

（一）活动一：独立研究——发展几何直观

问题一：2个洞口几条路线

师：同学们，可爱的鼹鼠宝宝和我们一起学习！看，它给我们提了什么问题？

鼹鼠宝宝：从一个洞口进，从一个洞口出，向前走，同学们知道我

91

挖了多少条路线吗？

生：一条。

问题二：3个洞口几条路线

多媒体呈现路线及洞口图。

师：那么现在是几个洞口，有多少条路线呢？

生1：3个洞口，2条路线。

师：一下子找到两条路线，真好！请告诉大家是哪两条？

生上台演示。

生2：3个洞口，我认为有3条路线。

师：多出的一条在哪里？请你来指一指。

生上台演示。

师：有数学的眼光，一眼就能看出来路线的数量。

根据学生的汇报，适时板书：2+1=3。

问题三：4个洞口

1.画图。

师：鼹鼠宝宝继续挖洞，现在有几个洞口，多少条路线呢？

生1：4条。

生2：6条。

师：大家的意见不一，究竟有多少条路线？这里可有学问啦，今天我们一起来学习数图形的学问。

板书课题：数图形的学问。

师：同学们，要研究究竟有多少条不同的路线，我们要把洞口的图画出来，你能画出简单的示意图吗？请在练习本上画一画。

生画线段图，师巡视。

师：很多同学已经有想法了，我们来听听这位同学的想法。（投影

展示学生作品）

生：把每一个洞口看成一个点，用大写字母A，B，C，D表示洞口，然后把这些点都画在同一条直线上。

师：懂得用字母符号来表示，方便交流，真好！

小结：同学们，为了方便交流，在画示意图时我们可以用字母表示洞口，请修改你的示意图。

2. 数路线。

师：到底有多少条不同的路线呢？请同学们在你修改好示意图上按顺序去数一数，画一画。想一想如何做到不重复不遗漏？

生尝试画图解决问题，师巡视。

师：大部分同学已经有答案了，我们一起来听听。

投影展示第一种方法，学生汇报。

生1：一段一段地数、两段两段地数、三段三段地数，最后把段数加起来。

师：你真是个细心的孩子，掌声送给她。

师：再来听听这位同学的分享。

生2：从一个端点出发，数出这个端点为起点的线段数量，最后把段数加起来。

师：思路清晰，谢谢你，请回！

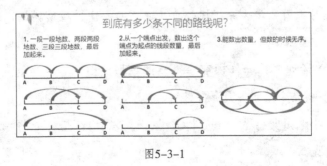

图5-3-1

小结：同学们，刚才第一位同学是一段一段地数、两段两段地数、三段三段地数，最后把所有的段数加起来。第二为同学是从一个端点出发，数出这个端点为起点的线段数量，最后把段数加起来。数的方法不同，但都是按一定的顺序思考，这样就能准确数出有多少条路线。

师：刚才老师在巡视时，发现有同学是这样画的，为什么他们只数出4条呢？

学生分享自己的思路，全班针对问题展开研讨。

图5-3-2

引导明确：数线段的时候要有序思考，才能保证不重复、不遗漏地准确数出来。

设计意图：本环节创新使用教材，从简单问题入手，引导学生感受遇到稍复杂问题时，用画图的方法可以帮助明确解题思路，从而发展学生的几何直观素养。"问题越来越难，怎么办？"学生根据已有的学习经验，能提出画示意图来表示路线，通过观察、比较，发现用字母来表示洞口更方便交流，渗透符号意识。给予学生充足的时间和空间进行交流；交流时，引导学生分析比较方法之间的异同，观察错例，感受到有序思考的重要性。

（二）活动二：合作探究——渗透模型意识

问题一：5个站台有几条路线

师：小鼹鼠要打造地下旅行通道，每个洞口都是一个站台，请看有几个站台呢？

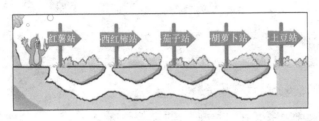

图5-3-3

生：有5个站。

鼹鼠宝宝：小朋友，有5个站台，我要设置车票，需要多少种不同的往返票呢？

师：谁知道往返票是什么意思呢？

生讨论、交流。

明确：求往返票其实就是求一共有多少条线段。

师：现在你能用刚才学到的方法帮鼹鼠宝宝解决这个问题吗？

学生独立完成，师巡视时找一生上台板演。

生1：一段一段地数有4条，两段两段地数有3条，三段三段地数有2条，四段合起来有1条，一共有10条路线，所以有10种往返票。

师：谁听懂了他的方法？

生2：分开一类一类数，不会多数，也不会少数。

师：分类数，再求总数，真好。

生3：从红薯站出发可以到4个地方，就有4种往返票，从西红柿站出发可以有3种往返票，茄子站出发有2种，胡萝卜站出发有1种，一共有10种。

师：从一个端点出发，数出这个端点为起点的线段数量，最后把段数加起来，这样有序地数，做到了不重复、不遗漏，很好！

设计意图：引导学生把生活问题抽象为数线段的数学问题，用画一画或写一写的方法记录思考的过程。有了前面的画图经验，大部分学生会用这两种方法来展示自己的思路，引导学生进一步熟悉画图策略，体会画图方法的多样性，形成几何直观，初步渗透模型意识。

问题二：6个站台有几条路线

师：鼹鼠宝宝又有新问题了，我们来看看。

鼹鼠宝宝：6个站，一共需要设置多少种往返票？

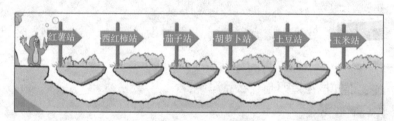

图5-3-4

师：请同学们用自己喜欢的方法帮鼹鼠宝宝解决这个问题。

生独立完成，师巡视。

生1：5+4+3+2+1=15（条）。

师：请你和同学们解释你列式中每一个数字代表什么？

生：5表示从A点出发有5条路线，4表示从B点出发有4条路线，3表示从C点出发有3条路线，2表示从D点出发有2条路线，1表示从E点出发有1条路线，所以一共有15条路线。

师：思路清晰。

生2：10+5=15（条），我是这样想的，增加了一个洞口，就比原来多了5个路线。

小结：虽然方法不同，但都是借助线段图，让我们有序地数出或者算出票的种类有多少。

设计意图：让学生用自己喜欢的方法解决问题。在交流中，着重引导学生理解列算式的方法，从直观图→线段图→算式，学生的思维在一次次解决问题和交流碰撞中得到提升，逐渐感受几何直观在问题解决中的价值。

问题三：7个站台、8个站台有几条路线

师：同学们，通过这样有序地数一数，我们发现：3个洞口有2+1=3（条）路线，4个洞口有3+2+1=6（条）路线，5个洞口有4+3+2+1=10（条）路线，6个洞口有5+4+3+2+1=15（条）路线。如果站台增加到7个站、8个站，甚至更多站的时候，需要准备多少种往返票呢？站台越来越多，你能快速算出来吗？

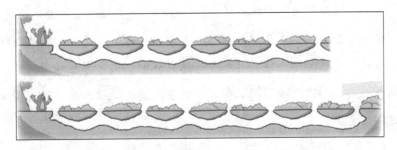

图5-3-5

师：下面请4人小组合作，合作前请听要求：①组内交流想法；②列式算一算；③说说你们的发现。

小组合作任务单

表5-3-1

有7个站，需要准备多少种不同的往返票呢？8个站呢？9个呢？
5个站时，车票种数为：4+3+2+1=10
6个站时，车票种数为：5+4+3+2+1=15
7个站时，车票种数为：
8个站时，车票种数为：

续 表

9个站时，车票种数为：
我们的发现：

生小组汇报，师板书算法。

师：同学们，我们一起来看看，在解决需要多少种往返票的问题时，要准确列出算式，我们首先要知道什么？

生：要知道有多少个站。有N个站，往返票的数量就从N-1开始加到1。

师：会观察，善于归纳。发现这个规律对你有什么帮助？

生：我解决数量更大问题时，可以直接用这个规律来解决问题。

设计意图：组织学生观察板书，帮助学生分析、比较、提炼规律，引导学生用自己的话表达规律。整个探究环节，引导学生经历从"画图→列式→类比推理"的过程，帮助学生主动发现规律，解决现实问题，渗透模型意识。

（三）活动三：实践运用——形成应用意识

出示京广铁路情境图。

师：你能用今天所学的知识来解决以下的问题吗？

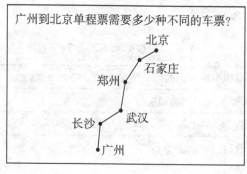

图5-3-6

师：请看图，京广铁路需要多少种不同的车票呢？请算一算。

生独立思考计算。

师：老师发现大部分同学已经算出结果了，谁来说说？

生1：5+4+3+2+1=15（条）有6个站，根据我们发现的规律，从5加到1，就知道一共有多少种不同的车票。

小结：同学们用今天学到的数图形的方法，很好地解决了京广铁路上需要多少种票的实际问题，学以致用，老师为你们点赞！

设计意图：让学生在解决问题的过程中形成应用意识，感受数学的应用价值。

（四）活动四：回顾反思——培养良好习惯

1.畅谈收获

师：同学们这节课有什么收获？你是怎样学到本领的？你觉得自己今天的表现怎么样？

设计意图：引导学生回顾并反思自己的学习过程，并谈谈探索过程中自己最深的体会，进行数学学习方法的梳理指导。让学生在自评、互评、师评中学会自我反思、自我调整。

2.全课总结

同学们，这节课我们懂得了用符号表示更便于我们交流，知道了要有序思考，做到不重复、不遗漏，发现了图形中隐藏的"秘密"，并学会了用这个"秘密"来解决同类问题。在这节课里，同学们做到了认真听课，积极开动脑筋思考，主动和小伙伴合作，大胆地表达自己的想法，每个同学都有收获，老师为大家感到骄傲。

3.布置课后作业

查找武广高铁的相关资料，了解从清远到武汉之间有多少个站点，一共有多少种往返票。

4. 板书设计

数图形的学问

3个洞口：

2+1=3（条）

4个洞口：

3+2+1=6（条）

5个站点：

4+3+2+1=10（条）

6个站点：

5+4+3+2+1=15（条）

N个站点：

（$N-1$）+（$N-2$）+…+1

【课后思考】

笛卡尔曾说："没有图形就没有思考。"说明了几何直观对于促进思维的积极作用。《义务教育数学课程标准（2022年版）》明确指出：几何直观主要是指运用图表描述和分析问题的意识与习惯。几何直观有助于把握问题的本质，明晰思维的路径。

（一）感受价值，发展几何直观

小学阶段要注重几何直观意识的培养，几何直观的学习贯穿整个小学数学学习过程，在图形与几何学习中发挥着不可替代的作用。让学生充分感受借助几何直观可以使复杂的问题简单化，学生数学直观能力的培养关键在于，学生能感受到几何直观在解决问题方面的价值。若面对复杂的数学问题时学生能够主动想到应用几何直观来解决问题，则说明学生的几何直观的培养已经奠定了良好的基础。

（二）经历过程，发展几何直观

本节课引导学生在层层深入的问题探究的过程中，在直观线段图的指引下，清晰地展示自己思考的过程，通过不重复、不遗漏的有序思考，数与形巧妙结合，文字信息与线段图紧密联系，降低了学生理解的难度，从无序到有序，在清晰的线段图的指引下，学生能够真正感受到直观的图形在解决问题中的作用，并积累用几何直观解决问题的经验。

教师要把形成和发展学生几何直观能力作为重要的教学目标，根据不同的知识点采用不同的几何直观的教学方法，才能真正使学生的几何直观能力得到培养，为学生的几何直观的发展奠定基础。

第 六 章

空间观念

空间观念主要是指对空间物体或图形的形状、大小及位置关系的认识。能够根据物体特征抽象出几何图形，根据几何图形想象出所描述的实际物体；想象并表达物体的空间方位和互相之间的位置关系；感知并描述图形的运动和变化规律。空间观念有助于理解现实生活中空间物体的形态与结构，是形成空间想象力的经验基础。

——《义务教育数学课程标准（2022年版）》

第一节　空间观念概述

一、课程标准对空间观念的表述

空间观念使人们能够运用数学的眼光观察现实世界，在空间观念发展过程中观察实验、描述、推理、想象等活动，能有效促进学生的思维发展，增强学生探索未知事物的好奇心，促进学生创新意识的发展。[①]

《全日制义务教育数学课程标准（实验稿）》在学习内容部分对空间观念的主要表现进行了描述："能由实物的形状想象出几何图形，由几何图形想象出实物的形状，进行几何体与其三视图、展开图之间的转化；能根据条件做出立体模型或画出图形；能从较复杂的图形中分解出基本的图形，并能分析其中的基本元素及其关系；能描述实物或几何图形的运动和变化；能采用适当的方式描述物体间的位置关系；能运用图形形象地描述问题，利用直观来进行思考。"[②]空间观念被列为小学数学六大核心概念之一，说明了空间观念的重要性和基础性。

[①] 孙晓天，张丹. 义务教育课程标准（2022年版）课例式解读［M］. 北京：教育科学出版社，2022：60.

[②] 教育部. 全日制义务教育数学课程标准（实验稿）［M］. 北京：北京师范大学出版社，2001，7.

《义务教育数学课程标准（2011年版）》对空间观念的主要表现的描述是："空间观念主要是指根据物体特征抽象出几何图形，根据几何图形想象出所描述的实际物体，想象出物体的方位和相互之间的位置关系，描述图形的运动和变化；依据语言的描述画出图形等。"[①]对比《义务教育数学课程标准（实验稿）》，《义务教育数学课程标准（2011年版）》减少了空间观念中几何直观部分的表现，将几何直观作为单独的核心概念进行描述。

《义务教育数学课程标准（2022年版）》对空间观念的主要表现及其内涵作了更加明确的界定："空间观念主要是指对空间物体或图形的形状、大小及位置关系的认识。能够根据物体特征抽象出几何图形，根据几何图形想象出所描述的实际物体；想象并表达物体的空间方位和互相之间的位置关系；感知并描述图形的运动和变化规律。空间观念有助于理解现实生活中空间物体的形态与结构，是形成空间想象力的经验基础。"[②]（表6-1-1）。

表6-1-1

学段	学习领域	学业要求
第一学段（1～2年级）	图形与几何	能辨认长方体、正方体、圆柱、球等立体图形，能直观描述这些立体图形的特征；能辨认长方形、正方形、平行四边形、三角形、圆等平面图形，能直观描述这些平面图形的特征。能根据描述的特征对图形进行简单的分类 会用简单的图形拼图，能在组合图形中说出各部分图形的名称；能说出立体图形中某一个面对应的平面图形。形成初步的空间观念

① 教育部. 义务教育数学课程标准（2011年版）［M］. 北京：北京师范大学出版社，2012：5.

② 中华人民共和国教育部. 义务教育数学课程标准（2022年版）［M］. 北京：北京师范大学出版社，2022：9.

续 表

学段	学习领域	学业要求
第一学段 （1～2年级）	综合与实践	主题活动：我的教室：会用上、下、左、右、前、后描述现实生活中物体的相对位置；会用东、南、西、北描述物体所在方向；给定东、南、西、北四个方向中的一个方向，能辨别其余三个方向；了解物体空间位置、方向的相对性，形成初步的空间观念
第二学段 （3～4年级）	图形与几何	会比较角的大小；能说出直角、锐角、钝角的特征，能辨认平角和周角；会用量角器测量角的大小，能用直尺和量角器画出指定度数的角；会用三角板画30°，45°，60°，90°的角 会根据角的特征对三角形进行分类，认识直角三角形、锐角三角形和钝角三角形；能根据边的相等关系，认识等腰三角形和等边三角形。能说出长方形、正方形、平行四边形、梯形的特征；能说出图形之间的共性与区别。形成空间观念和初步的几何直观 经历用直尺和圆规将三角形的三条边画到一条直线上的过程，直观感受三角形的周长，知道什么是图形的周长；会测量三角形、长方形和正方形的周长；会计算长方形、正方形的周长和面积 能在实际情境中，辨认出生活中的平移、旋转和轴对称现象，直观感知平移、旋转和轴对称的特征，能利用平移或旋转解释现实生活中的现象，形成空间观念
	综合与实践	主题活动：寻找"宝藏"：在认识东、南、西、北的基础上，能在平面图上认识东北、西北、东南、西南四个方面；能描绘图上物体所在的方向，判断不同物体所在的方向，以及这些方向之间的关联；能把这样的认识拓展到现实场景中，在简单的实际情境中正确判断方位；进一步理解物体的空间方位及物体之间的位置关系，发展空间观念 了解用"几点钟方向"描述方向的方法及用途，能在现实场景中尝试以站立点为正中心，以钟表盘12个小时的点位来说明方向

续 表

学段	学习领域	学业要求
第三学段 （5～6年级）	图形与几何	探索并说明三角形任意两边之和大于第三边的道理；通过对图形的操作，感知三角形内角和是180°，能根据三角形内已知两个角的度数求出第三个角的度数 会用圆规画圆，能描述圆和扇形的特征；知道圆的周长、半径和直径，了解圆的周长与其直径之比是一个定值，认识圆周率；会计算圆的周长和面积 认识长方体、正方体和圆柱，能说出这些图形的特征，能辨认这些图形的展开图，会计算这些图形的体积和表面积；认识圆锥，能说出圆锥的特征，会计算圆锥的体积 对于简单物体，能辨认不同方向（前面、侧面、上面）的形状图，能把观察的方向与相应形状图对应起来，形成空间观念 能在方格纸上用有序数对（限于自然数）确定点的位置，理解有序数对与对应点的关系，形成空间观念 认识比例尺，能说出比例尺的意义；在实际情境中，会按给定比例进行图上距离与实际距离的换算；能在方格纸上，按给定比例画出简单图形放大或缩小后的图形，形成空间观念和推理意识 能在方格纸上描述图形的位置，能辨别和想象简单图形平移、旋转后的图形，画出简单图形沿水平或垂直方向平移后的图形，以及旋转90°后的图形；能借助方格纸，了解平移、旋转的变化特征
	综合与实践	主题活动：校园平面图：结合本校的实际情况，能指定比较合理的测量方案和绘图比例；能理解所需要的数学和其他学科的知识，在教师指导下积极有序开展测量；能按校园的方位和场所的位置依据绘图比例绘制简单的校园平面图；能解释绘图的原则，在交流中评价与反思；提升规划能力，积累实践经验

二、空间观念的表现形式

（一）能够根据物体特征抽象出几何图形，根据几何图形想象出所描述的实际物体

一台洗衣机、一个长方体的包装盒，看到这些具体的物体能够去掉这些物体非本质的东西，抽象出几何图形。同时又能够根据几何图形想象这个几何图形所描述的长方体可能是文具盒。有研究表明，三维图形与二维图形的相互转化是培养学生空间观念的主要途径。根据物体特征抽象出几何图形，根据几何图形想象所描述实际物体，这个过程就是三维图形与二维图形之间的相互转换。这个观察、想象、比较、推理和抽象的过程，是建立在对周围环境直观感知的基础上，对空间与平面相互关系的理解和把握，是空间观念的一个重要的表现。

（二）想象并表达物体的空间方位和互相之间的位置关系

想象物体的方位与相互之间的位置关系，在不同的问题情境中有不同的想象水平要求，判断物体之间的位置关系需要学生有一定的想象力和推理的能力。学生能够在头脑中再现这样一个过程，比如旋转前后图形的位置，平移之前以及之后的位置，想象一下向什么方向移动，移动了多少，移动后是什么样子？在脑海中能够把运动的轨迹描述出来是非常重要的一种空间想象能力。

（三）感知并描述图形的运动和变化规律

能够感知并描述图形的运动和变化，如图形向什么方向旋转，旋转多少度，才会变成现在这个样子，这个过程能不能想象出来。学生能够想象出从静态到动态的过程，说明学生拥有一定的空间观念。能根据语言把自己的想象与别人进行交流，并且能让对方理解，根据自己的描述

画出或者想象出来。通过语言或者数据的描述，能够慢慢想象出实际的物体，这是学生空间观念的具体的表现形式。

要想将空间观念从理念变成能够促进学生创新意识的发展的现实，还需要教师在日常教学中进行不断的探索。

第二节 空间观念教学策略

一、在观察中逐渐形成空间观念

观察是形成空间表象、发展空间想象力、培养空间观念的基础。教师要充分利用生活素材或信息技术，为学生创造观察几何形体的机会和条件，引导学生在观察中形成几何形体的表现，建立初步的空间观念。

例如，教学"认识周长"的时候，教材中蚂蚁爬树叶的图片是静态的，教师可以借助多媒体制作动态的不同的蚂蚁爬过周长一周的视频，让学生观察不同蚂蚁爬树叶的路线，通过观察发现有的蚂蚁没有沿着边线爬；有的蚂蚁虽然沿着树叶的边线爬，但是从一个点出发，没有返回起点；有的蚂蚁从起点出发，沿着树叶的边线爬一圈后又回到起点。通过比较，让学生从直观上理解周长就是物体或图形一周的长度的概念，帮助学生在观察中建立了"一周"的表象，深入理解周长的概念本质，逐步形成空间观念。

二、在操作中逐渐形成空间观念

操作是发展学生空间观念的重要途径。学生要通过亲自动手制作、测量、拆拼等活动，才能使抽象的数学知识形象化，从而逐渐形成空间观念。

例如，在"认识长方体和正方体"时，引导学生用学具搭建长方体和正方体的框架。学生在动手操作的过程中感受到长方体12条棱可以分为三组，每一组4条棱的长度相同，从而引导学生理解相交于一个顶点的三条棱的长度决定了这个长方体的大小，从而直观上认识并理解长、宽、高的定义。在搭建正方体框架时，学生能够更加深入地理解正方体棱的特征，初步建构"三维"的空间观念。

三、在知识网络建构中形成空间观念

图形与几何的知识之间是相互关联的。教师在引导学生学习图形和几何的知识时应引导学生在新旧知识之间建立起联系。帮助学生建构条理清晰的知识网络，感悟知识之间的联系，深刻理解知识的本质。

例如，在学习"平行四边形的面积"时，引导学生思考：我们学过哪些图形的面积？能不能帮助我们解决平行四边形面积的问题？学生尝试建构平行四边形与已学过的长方形之间的联系，将遇到新问题转化成已经学过图形的面积来计算，在实际操作中，推导出平行四边形面积的公式。学习三角形的面积、梯形的面积以及圆的面积的时候，都可以引导学生将新图形转换成已学过的图形进行研究。在学习之后，要引导学生建立新旧知识的联系，建构知识网络，理解图形本质，形成空间观念。

四、在问题解决中形成空间观念

图形与几何的知识来源于生活，又服务于生活。因此，在小学数学教学过程中应注重生活化的应用。引导学生建构所学知识与生活的联系，主动在日常生活中运用所学知识解决实际问题，是培养学生空间观念的重要手段。

　　例如，在学习了"长方形的面积"之后，让学生观察洒水车行驶时喷湿路面的面积就是长方形，求喷洒面积就是求长方形的面积，要给长方形操场种植草坪，也可以用长方形面积公式来解决问题。学生在应用知识解决生活中的实际问题时，会逐步形成空间观念。

第三节　空间观念教学案例

积累感性经验　发展空间观念

——"长方体和正方体的认识"教学实践与思考

版本：北师大版

年级：五年级

领域：图形与几何

核心素养：空间观念

【学习内容】

北师大版数学五年级下册11～12页。

【背景与教材分析】

"长方体和正方体的认识"是北师大版教材五年级下册"图形与几何"板块的内容，本单元主要引导学生探索和学习长方体和正方体的特征及其表面积和体积的计算方法，并应用习得的知识解决一些简单的实际问题。这部分内容是在学生已经基本完成小学阶段有关平面图形学习任务的基础上安排的，是学生比较深入地学习立体图形的开始，也是学生图形与几何领域由二维平面图形向三维立体图形的认知飞跃。教材选择长方体和正方体作为学生认识立体图形的开始，符合学生的认知规律，符合知识本身发展的逻辑顺序，有利于学生空间观念的发展，有利于学生数学核心素养的培养，同时也为学生进一步学习其他立体图形打下坚实的基础。

本单元教学前，学生对长方体和正方体已经有了一些初步的认识，积累了一定的感性经验。尽管学生已经直观认识了长方体和正方体，并能正确地对这两种立体图形进行识别，但学生还不能全面、系统地把握长方体和正方体的特征。因此，引导学生观察、操作，提炼、归纳特征，建构三维空间观念，是本节课的重点。

【学习目标】

1. 通过观察实物、动手操作等活动认识长方体和正方体，认识长方体和正方体的面、棱、顶点，了解长、宽、高（或棱长）的含义，掌握长方体和正方体的基本特征。

2. 在观察、操作、讨论、交流的过程中培养合作意识和主动探求知识的能力，发展初步的空间观念。

3. 培养积极的学习态度，感受数学的应用价值，提升应用意识。

【学习准备】

长方体纸盒、正方体纸盒、可拼接的小棒学具

【学习过程】

（一）尝试分类，初步感知特征

师：课前，每个小组都收集了各种类型的包装盒，今天，我们就借助这些生活中常见的包装盒来学习数学。老师看到每个小组带来的盒子的大小、材质、形状、颜色都不相同，但是如果老师让大家从这些盒子里找出长方体和正方体，大家能迅速找到吗？

生：能。

小组分类，汇报交流。

生1：我们小组找到的包装盒中有3个是长方体，有1个是正方体，有一个薯片盒是圆柱体。

生2：我们小组的包装盒中有5个是长方体，有2个是正方体，有一个是圆球体。

……

（二）探究特征，建构空间观念

1. 认识长方体

（1）汇报交流，初步认识

师：大家看，这些包装盒的大小、形状、颜色各不相同，但是大家都认为它们是长方体或正方体，说明大家是按照一定特征来作判断的。课前大家已经预习了这部分内容，我们先来汇报关于长方体的预习情况，大家知道长方体和正方体有哪些特征呢？

生1：我知道长方体有面、棱、顶点。

师：你知道了长方体的各部分名称。你能指一指它们在哪里吗？

生指，全体观察。

生2：我知道长方体两个面相交的线叫作棱，三条棱相交的点叫作顶点。

师：你知道了什么是棱和顶点，真会学习。请大家和这位同学一起来指一指。

生3：长方体有6个面、8个顶点、12条棱。

师：你还知道数量，了不起！我们一起来数一数。

（2）视频演示，加深认知

师：同学们通过课前预习，了解到了很多关于长方体和正方体的知识，现在我们借助多媒体，来看看一个长方体诞生的过程。

视频播放：用土豆切长方体。

师：通过观看长方体诞生的过程，你有什么想说的？

生1：我看到棱是两个面连起来的那条线，我还发现，长方体上下两个面完全相同，左右两个面完全相同，前后两个面完全相同。

师：也就是相对的面相等。恭喜你学得很认真，又有了新发现。

生2：我看到了棱和顶点是怎么产生的，是切的时候，面和面之间的线是棱，三条线连接的地方尖尖的就是顶点。

设计意图：学生不是的一张白纸，每一位学生都带着自己的经验参与学习。本环节，教师充分尊重学生的认知起点，在学生自主学习的基础上，借助切土豆的情境，引导学生进一步认识、理解长方体的面、棱、顶点。

（3）实践操作，深入探究

① 面的特征。

活动一：画面

师：长方体的面、棱、顶点还有什么特点？这节课我们一起深入研究。我们先来研究长方体的面。长方体有6个面，能不能想个办法把这六个面画下来研究呢？谁有好办法？

生：可以把长方体的面描在纸上。

师：好建议。为了方便研究，老师为每个小组准备了一张方格纸和一个小长方体。请看合作要求。

课件出示：

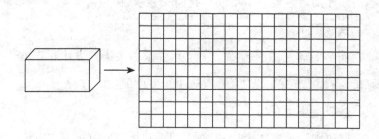

a. 把长方体的"6个面"画到格子图上，标出上、下、左、右、前、后。

b. 在描出来的"面"内用"（　　）×（　　）"的形式表示出来。

c. 小组做好汇报的准备。

师：明白要求的请点点头，可以开始了。

学生开展合作，教师巡视指导。

活动二：交流

师：哪个组的同学来汇报一下你们的发现。

生1：我们小组发现长方体每个面都是长方形，上下、左右、前后两个面完全相等。

师：完全相等的意思是什么？

生1：大小、形状都一样。

师：谁能用一句话概括大家的发现？

生2：我们发现长方体六个面可以分为三组，上下、左右、前后这三组相对的面相等。

师：了不起的发现。还有不同的发现吗？

生2：我们小组的这个长方体有些不一样，我们组的长方体有两个面是正方形，另外四个面是一模一样的长方形，我们也发现相对的面相等。

师：通过研究，同学们发现长方体都有6个面，每个面都是长方形，有时有2个相对的面是正方形，相对的面完全相等。

活动三：巩固

师：研究到现在，你知道长方体的面都有哪些特征了吗？小组内说一说。

设计意图：本环节，借助画长方体的"面"，引导学生观察、发现长方体面的特征，学生在操作中感悟、在观察中提升、在总结中推进，深入认识了长方体面的特征，为建构空间观念奠定了基础。

②棱的特征

师：我们研究了长方体面的特征，那么长方体的棱有什么特征呢？请任选一个长方体，研究其棱的特征。

学生独立开展研究，和学习小组交流研究收获。

师：老师看到很多同学都发现了棱的特征了，谁来说说？

生1：棱可以分成三组，竖着的四条棱都一样长，横着的四条棱也一样长，侧面的四条棱也一样长。

师：你是怎么发现的？

生1：用尺子量。

师：通过测量、比较，发现特征，真好。还有谁想分享？

生2：长方体有12条棱，按长度分成3组，相对的4条棱的长度相等。

生3：我的这个有8条棱是一样长的，另4条一样，因为有2个面是正方形。

师：同学们通过观察、测量、比较发现了棱的特征。

设计意图：引导学生观察长方体，从而深入发现长方体棱的特征，初步建立起空间观念。

③认识长、宽、高

师：在数学上，把相交于一个顶点的3条棱分别叫长方体的长、宽、高。请看，这个长方体的12条棱，如果只保留三条棱，还要能想象出长方体原来的样子，你会保留哪三条棱？小组内讨论一下。

生1：保留1条长、1条宽和1条高。

师：为什么？

生1：因为4条长相等，4条宽相等，4条高相等，所以每一类棱只要保留1条就可以了。

师：根据棱的特征来分析问题、思考问题，真好！其他同学有补充吗？

生2：只要保留相交于一个顶点的3条棱，就能想象出长方体原来的样子。

师：还能关注这三条棱的位置，真好！请看，这是不是大家说的保留后的样子。

课件出示：

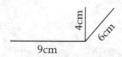

师：请同学们闭上眼睛回想一下这个长方体的样子，再睁开眼睛和屏幕上的比较一下，能想出来吗？

生在头脑中想象。

师：由相交于一个顶点的3条棱，就能想象出长方体原来的样子，可见长、宽、高决定了长方体的大小和形状。

师：请大家结合板书，和同桌完整地说说我们发现的长方体的特征。

生同桌互相交流。

设计意图：以减少长方体棱的数量，引导学生想象长方体原来的样子，使学生深入理解长方体长、宽、高之间的关系，学生的空间想象力也得以提升。

2.正方体的认识

（1）知识迁移，探究正方体的特征

师：认识了长方体，接下来我们肯定要研究什么？

生：正方体。

师：是的，为什么呢？

生1：因为它们长得很像。

生2：因为正方体是特殊的长方体。

师：你是怎么知道的？

生2：因为正方形是特殊的长方形，所以正方体是特殊的长方体。

师：通过长方形和正方形的关系，联想到长方体和正方形的关系可能也有这个关系，根据已知大胆猜测未知，这是很好的学习新本领的方法。到底正方体是不是特殊的长方体，我们一起来研究正方体的特征。

播放切土豆视频2：将长方体继续切，切成长、宽、高相等的形状。

师：你看到什么？

生：长方体的长减少了，高也减少了，都变成和宽一样长，就变成正方体了。

师：正方体的面、棱、顶点有什么特征呢？请同学们拿出探究单，小组合作探究，完成探究单（表6-3-1）。并且思考一个问题，正方体到底是不是特殊的长方体？

表6-3-1

探究任务单			
正方体	面	棱	顶点

生合作研究，师巡视指导。

师：哪个小组的来分享？

生汇报，师板书。

小组1：正方体有8个顶点，6个面是完全相同的正方形，12条棱长度相等。

小组2：我们还发现正方体的6个面是完全相同的正方形，12条棱的长度都相等。

小组3：我们小组觉得正方体是特殊的长方体，因为正方体符合长方体的全部特征。

师：正方体又叫作立方体。正方体是一个特殊的长方体。当一个长方体的长、宽、高一样长，那这个长方体就是一个正方体。

（2）明确关系，建构知识网络

师：你能帮长方体和正方体找到自己的位置吗？试试看。

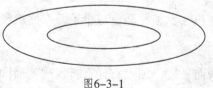

图6-3-1

师：像这种关系以前还见到过吗？

生1：等腰三角形是特殊的三角形，等边三角形是特殊的等腰三角形。

生2：长方形是特殊的平行四边形。

生3：梯形是特殊的四边形。

……

师：像这种关系，数学上还有很多很多。同学们真棒！学习新知识时，还能联想到相关的旧知识。

设计意图：通过观看视频，感受由长方体一步步变化长和高，最终成为正方体，让学生经历正方体形成的过程，从而感悟正方体是特殊的长方体。学生迁移长方体特征的探究方法，探究正方体的特征。引导学生将长方体和正方体进行对比，找出了它们的相同点和不同点。在对比中，深入理解长方体和正方体的特征。"它们有什么联系"沟通了知识之间的联系，由此还联想到以往学过的类似的知识，帮助学生打通知识的脉络，建构知识网络。

（三）拓展应用，发展思维

1. 猜一猜：长方体纸箱的长、宽、高

长方体纸箱的长、宽、高分别是多少？找出这个长方体纸箱的六个面分别是哪一个？

师：这是一个包装纸箱的3条棱，你知道这个长方体纸箱的长、宽、高分别是多少吗？能不能找到这个长方体纸箱的六个面分别是哪一个？

生独立思考，汇报交流。

明确：根据数据来判断面的位置。

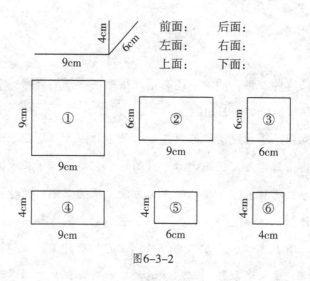

图6-3-2

2. 集装箱中的数学

集装箱的长8米、宽3米、高3米，生活中有哪些近似长方体的物体和集装箱差不多大?

课件出示:

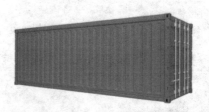

师：想一想，生活中还有哪些近似长方体的物体和集装箱差不多大?

生独立思考，汇报交流。

3. 猜一猜：是什么物体

根据数据猜一猜是什么物体。

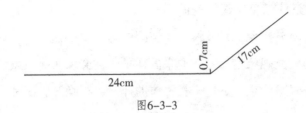

图6-3-3

师：当高是7厘米是新华字典，当高缩小到0.7厘米，这是什么？当高缩短到0.1mm是什么？

生独立思考，小组交流、汇报。

设计意图：先由实物呈现长、宽、高，然后让学生借助长、宽、高想象实物，既巩固了学生对长方体的长、宽、高知识的理解，又培养了学生的空间想象力。

（四）回顾反思

师：同学们，这节课你有什么收获？

设计意图：引领学生从知识、技能、课堂表现等多方面进行回顾梳理。

【课后思考】

（一）强化操作，把握基本特征

本节课是学生初次深入探究立体图形的特征，对学生而言有一定的难度。加强操作，能帮助学生把握基本特征。长方体和正方体特征要建立在充分的观察和操作的基础上。教师引领学生将长方体的面画下来，学生借助画的面，发现长方体的面的特征。生借助学具，搭建长方体框架，建构棱的特征。教学中，教师为学生提供充分的操作机会，引导学生在具体感知的基础上不断地进行抽象概括，自主建构知识系统。

（二）充分想象，建构空间观念

让学生充分想象，是发展学生空间观念的重要途径。"如果只保留三条棱，还要能想象出长方体原来的样子，你会保留哪三条棱？""请同学们闭上眼睛回想一下这个长方体的样子，再睁开眼睛和屏幕上的比较一下，能想出来吗？"通过问题引导学生在减少棱的数量基础上，不断深入想象，借助空间想象，帮助学生一步步建构起空间观念。教学中，通过"猜一猜""想一想"等环节，充分开发学习内容所蕴含的想象空间，为学生提供想象的契机，发展学生的空间观念。

（三）借助多媒体，建构空间观念

本节课通过两个切土豆的视频，借助多媒体，建构空间观念。第一次切，将不规则的土豆切成规则的长方体，让学生直观理解长方体的面、棱、顶点的概念。第二次切，将长方体切成正方体，在长方体的变化中让学生感悟正方体的由来，形象直观地让学生感受到正方体是特殊的长方体。

学生通过一系列的探究活动，主动去获取知识、感悟内涵，培养了学生的观察能力、主动思考和空间想象力，让学生建构起了空间观念，为后续学习作出良好铺垫。

第七章

推理意识

推理意识主要是指对逻辑推理过程及其意义的初步感悟。知道可以从一些事实和命题出发，依据规则推出其他命题或结论；能够通过简单的归纳或类比，猜想或发现一些初步的结论；通过法则运用，体验数学从一般到特殊的论证过程；对自己及他人的问题解决过程给出合理解释。推理意识有助于养成讲道理、有条理的思维习惯，增强交流能力，是形成推理能力的经验基础。

——《义务教育数学课程标准（2022 年版）》

第一节 推理意识概述

一、课程标准对推理意识的表述

抽象、推理和建模都是重要的数学核心素养。推理既是一种思维方式也是一种能力，推理能力可以帮助人们在面对问题时，用数学的思维去思考问题并解决问题。

《全日制义务教育数学课程标准（实验稿）》将推理能力列为六个核心概念词之一，说明了推理能力对于发展学生数学素养的重要作用。《全日制义务教育数学课程标准（实验稿）》在学习内容部分对推理能力的主要表现进行了描述："能通过观察、实验、归纳、类比等获得数学猜想，并进一步寻求证据、给出证明或举出反例；能清晰、有条理地表达自己的思考过程，做到言之有理、落笔有据，在与他人交流的过程中，能运用数学语言合乎逻辑地进行讨论与质疑。"[①]

《义务教育数学课程标准（2011年版）》将推理能力列为义务教育阶段数学课程十大核心素养之一，说明了推理能力是学生核心素养的关键能力。《义务教育数学课程标准（2011年版）》从推理能力的重要

---

① 教育部.全日制义务教育数学课程标准（实验稿）［M］.北京：北京师范大学出版社，2001：7.

性、推理的主要类型和功能三个方面进行了阐述。推理能力的发展应贯穿于整个数学学习过程中。推理是数学的基本思维方式，也是人们学习和生活中经常使用的思维方式。推理一般包括合情推理和演绎推理，合情推理是从已有的事实出发，凭借经验和直觉，通过归纳和类比等推断某些结果。演绎推理是从已有的事实（包括定义、公理、定理等）和确定的规则（包括运算的定义、法则、顺序等）出发，按照逻辑推理的法则证明和计算。在解决问题的过程中，两种推理功能不同，相辅相成；合情推理用于探索思路，发现结论；演绎推理用于证明结论。[①]

《义务教育数学课程标准（2011年版）》在学段目标中明确指出小学不同学段学生应达到的推理能力目标：在第一学段（1～3年级）能够对简单的数据进行归类，体会数据信息；在第二学段（4～6年级）能够在观察、实验、猜想的活动中发展合情推理能力。标准对推理能力的阐述有助于提升教师深入理解推理能力的内涵，明确推理能力的重要作用及目标。

《义务教育数学课程标准（2022年版）》将推理能力按照不同学段划分为推理意识和推理能力两个层次。小学阶段推理能力的表述调整为推理意识，推理意识可以看作是推理能力的初级阶段，《义务教育数学课程标准（2022年版）》对推理意识和推理能力的内涵与表现形式分别做了较为具体的阐述：小学阶段要培养学生的推理意识。推理意识主要是指对逻辑推理过程及其意义的初步感悟。知道可以从一些事实和命题出发，依据规则推出其他命题或结论；能够通过简单的归纳或类比，猜想或发现一些初步的结论；通过法则运用，体验数学从一般到特殊的论

---

① 教育部. 义务教育数学课程标准（2011年版）［M］. 北京：北京师范大学出版社，2012：5.

证过程；对自己及他人的问题解决过程给出合理解释。推理意识有助于养成讲道理、有条理的思维习惯，增强交流能力，是形成推理能力的经验基础。[1]《义务教育数学课程标准（2022年版）》在教学建议和学业要求中都对推理意识的达成目标进行了具体的描述，有助于教师在教学中落实推理意识的培养目标（表7-1-1）。

表7-1-1

学段	学习领域	学业要求
第二学段 （3～4年级）	数与代数	能在真实情境中，合理利用等量的等量相等进行推理，形成初步的推理意识
	图形与几何	推导出长方形和正方形的面积计算公式，在探索的过程中形成初步的推理意识
	综合与实践	主题活动：寻找"宝藏"。能尝试设计符合要求的藏宝图，能从他人的宝藏图中发现、提取信息并解决问题，提高推理意识
第三学段 （5～6年级）	数与代数	能找出2、3、5的倍数。在1～100的自然数中，能找出10以内自然数的所有倍数，10以内两个自然数的公倍数和最小公倍数；能找出一个自然数的所有因数，两个自然数的公因数和最大公因数；能判断一个自然数是否是质数或合数，形成推理意识 能在较复杂的真实情境中，选择恰当的运算方法解决问题，形成推理意识
	图形与几何	在实际情境中，会按给定比例进行图上距离与实际距离的换算；能在方格纸上，按给定比例画出简单图形放大或缩小后的图形，形成推理意识 知道轴对称图形的对称轴，能在方格纸上补全轴对称图形，形成推理意识

---

[1] 教育部. 义务教育数学课程标准（2022年版）［M］. 北京：北京师范大学出版社，2022：7.

二、推理的类别

推理能力作为发展学生数学核心素养的目标之一，是学生学习的基石，是培养运算能力和创新意识的基础。推理能力的发展应贯穿于整个数学学习的过程中。推理是数学的基本思维方式，也是人们学习和生活中经常使用的思维方式。推理一般包括合情推理和演绎推理。在解决问题的过程中，两种推理功能不同，相辅相成：合情推理用于探索思路，发现结论；演绎推理用于证明结论。[①]

（一）合情推理

合情推理是从一些事实和命题出发，依据规则推出其他命题或结论。[②]合情推理主要有归纳推理和类比推理。

1. 归纳推理

数学家高斯曾说过："数学中许多方法与定理是靠归纳发现的。"归纳推理是以个别（或特殊）的知识为前提，推出一般性知识作为结论的推理方法。它是从特殊到一般的方法。按照考察对象是否完全，归纳推理分为完全归纳推理和不完全归纳推理。[③]小学数学中的很多概念、法则等的推导都需运用不完全归纳推理。

例如，"2的倍数"的特征的学习，通过引导学生寻找100以内能被

---

① 教育部. 义务教育数学课程标准（2011年版）［M］. 北京：北京师范大学出版社，2012：5.

② 教育部. 义务教育数学课程标准（2011年版）［M］. 北京：北京师范大学出版社，2012：5.

③ 郁军，张佩玲. 小学数学核心概念教学研究［M］. 北京：教育科学出版社，2017：124.

2整除的数，通过观察、分析、猜想出2的倍数的特征：个位是0、2、4、6、8的数能被2整除，然后运用这个结论验证大于100的数是否是2的倍数，从而得出2的倍数的特征。

2. 类比推理

类比推理是由两个或两类思考对象在某些属性上的相同或相似，推出它们的另一属性也相同或相似的一种推理。[①]类比推理即学生在面对新问题时，能够主动回忆过去已经解决的相似问题，并运用已知问题解决的办法来解决新问题。

例如，在认识了比，了解了比、分数和除法之间的关系之后，可以引导学生思考："比的基本性质和分数的基本性质、除法的基本性质有关系吗？比的基本性质可能是什么？"让学生通过分析、比较、推理，得出比的基本性质，在学习过程中，感受知识之间的紧密联系，建构知识网络，形成推理意识。又如，学生在学习了长方形的面积=长×宽，根据长方形的面积计算公式，推导出正方形面积=长×宽=边长×边长。

（二）演绎推理

演绎推理是从已有的事实（包括定义、公理、定理等）和确定的规则（包含运算的定义、法则、顺序等）出发，按照逻辑推理的法则证明和计算。[②]演绎推理是从一般到特殊的推理，演绎推理是数学的一种严格的论证方法。

例如，学习"三角形的内角和"时，无论是引导学生通过剪、拼

[①] 孙晓天，张丹. 义务教育课程标准（2022年版）课例式解读［M］. 北京：教育科学出版社，2022：62.

[②] 教育部. 义务教育数学课程标准（2011年版）［M］. 北京：北京师范大学出版社，2012：5.

的方法将三角形的三个角拼接成一个平角，从而得出三角形的内角和是180°；或者通过测量三个角度数计算出三角形的内角和是180°，以上操作实验容易出现误差，部分学生可能测量到三角形的内角和少于或多于180°，部分学生拼接平角的过程中，感觉拼接出的角比平角要大一些。这时，教师可以引导学生运用演绎推理，通过长方形的特征来推导三角形的内角和。长方形四个角都是直角，内角和是360°，用线连接长方形的对角线，得到两个完全相等的三角形，三角形的内角和就等于360°÷2=180°，这样的推理过程，前提准确，推导过程合乎逻辑，得到的结论就大概率是准确的。

第二节 推理意识教学策略

推理能力的培养要贯穿数学教育的始终。在数与代数、图形与几何、统计与概率、综合与实践四个领域中，要始终关注学生推理意识的形成和发展。推理意识的培养应贯穿在多种数学活动中，鼓励学生在螺旋上升、循环往复的学习过程中不断积累经验，形成推理意识。[①]

一、在"猜想验证"的活动中初步形成推理意识

《义务教育数学课程标准（实验稿）》明确指出：儿童的学习应当是一个生动活泼的、主动的和富有个性的过程，应当有足够的时间和空间经历观察、实验、猜测、推理、验证等活动过程。教学过程中，教师要设计丰富的学习活动，启发引导学生经历实验、猜测、推理、验证的系列活动的全过程，通过归纳推理、类比推理，感受推理的价值，形成推理意识。

例如，四年级"四边形内角和是多少度"的学习，就是一个通过归纳推理得出一般结论的学习活动。让学生先对四边形进行分类，并根据长方形和正方形这些特殊的四边形猜想：四边形的内角和可能是

---

① 孙晓天，张丹. 义务教育课程标准（2022年版）课例式解读［M］. 北京：教育科学出版社，2022：62.

360°，再让学生找出各类四边形，想办法计算各类四边形的内角和。学生通过剪拼四边形的内角，得到一个周角，验证四边形内角和是360°。还可以将四边形沿对角线剪成两个三角形，验证四边形内角和是180°×2=360°。学生采用多种方法对的自己的猜想进行验证，最后得出结论：四边形的内角和是360°。整个学习过程，学生通过枚举、分析、比较，用科学的归纳的方法得出结论，经历推理的过程，促进学生推理思维能力的提升。

二、在"有理有据"的表达中发展推理意识

语言是思维的外显。教师在教学中，应引导学生有理有据地表达自己的思考过程，利用数学知识内在的逻辑进行说理，养成"言必有据"的良好思维习惯，发展学生的推理意识。

如图7-2-1，一张长方形折起来以后的图形，已知∠1=30°，求∠2的度数。

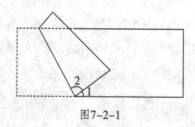

图7-2-1

教师可以引导学生观察分析图中已知信息之间的关系，借助直观图形，引导学生运用已有的知识、经验进行有效的迁移，独立思考后让学生结合图形表述自己的思路，学生常常会这样表述：∠2从原来的位置折叠翻转到现在的位置，说明原来的角和现在的∠2的大小相同，原角与∠1、∠2的和是180°，所以∠1+∠2+∠2=180°，已知∠1=30°，那么

∠2的度数就是（180°－30°）÷2=75°。学生利用数学信息之间的内在关系进行分析、推理，并用语言表述推理过程，交流互动的过程就是学生思维不断发展提升的过程，在这样日积月累的观察、思考、分析、交流的过程中，学生的推理意识将不断增强，推理能力也将不断提升。

三、在"问题解决"的应用中提升推理意识

教材中很多问题的解决的过程，都可以成为演绎推理训练的素材，让学生在充满理性思维的问题解决的过程中，感受推理的价值，培养推理的意识。

如图7-2-2，在"等量代换"的学习中，结合解决问题，对学生进行演绎推理的训练。

想一想，一个梨的质量等于几颗草莓的质量？

图7-2-2

学生通过观察，知道一个梨的质量等于两个苹果的质量，一个苹果的质量等于六颗草莓的质量，以此类推，一个梨的质量等于12颗草莓的质量，学生借助直观，观察、思考、验证，体验到推理在解决问题中的作用，感受数学与生活的密切联系，在应用中提升推理意识。

学生推理能力的发展需要一个日积月累的过程，小学阶段是培养学生推理意识的关键时期，充分认识小学阶段推理的主要形式及形成规律，有助于教师结合课程教学内容，将推理意识渗透到日常教学当中，提升学生的推理意识，发展学生的推理能力。

第三节　推理意识教学案例

经历推理过程　发展推理意识

——"有趣的推理"教学实践与思考

版本：北师大版

年级：三年级

领域：综合与实践（"数学好玩"）

核心素养：推理意识

【学习内容】

北师大版三年级下册"数学好玩"65～66页。

【背景与学情分析】

"有趣的推理"是通过解决实际问题，让学生经历对生活中熟悉的现象进行判断和推理的过程，激发学生学习兴趣，增强应用意识，借助列表整理信息，对生活中的现象按一定的方法进行推理，培养学生初步的逻辑推理能力。教材以"分别在哪个兴趣小组、飞机模型分别放在柜子的什么位置"两个学生比较熟悉的生活情境，以活动为载体，引导学生从抽象到直观，理解并掌握列表和分类的推理方法，渗透有序思考和分类思想，积累数学活动经验，发展学生的推理意识。

"数学好玩"板块的内容，不仅需要学生学会解决此类问题的方法，更需要学生经历解决问题的过程，对处于形象思维占主导的三年级学生而言，引导学生在活动中体悟无疑是发展学生推理意识的良策。

"列表格和分类"的数学方法学生在此前的数学学习中已经有所接触，学生在生活中也积累了一些关于选兴趣小组和整理物品的生活经验，但认知水平仍然处于直观感性层面。在独立状态下，大多数学生能正确推理得出结论，但是不具备相当水平的抽象思维，用语言描述推理过程处于无条理状态。本节课以这一生活情境为主线，将生活素材串联起来，通过层层递进的问题，让学生的推理经历从"无条理"到"有条理"，从"抽象"到"具体"的全过程，使学生在解决问题的同时，感悟推理在解决问题中的价值，形成初步的推理意识。

【学习目标】

1. 结合生活情境，探索并掌握简单的推理方法，能用适当的方法进行推理，逐步学会有条理地思考问题，形成推理意识。

2. 在探索用列表、分类、尝试与操作等方法进行推理的过程中，渗透——对应思想、有序思考和分类思想。

3. 体验数学与生活的联系，积累数学活动经验，感受推理的意义，提升应用意识。

【学习准备】

课件、个人学习探究单、小组合作学习探究单、阅读材料卡、学具

图片（一栋房子和六个嫌疑犯图片）

【学习过程】

（一）视频激趣，导入推理

1. 观看视频

师：同学们，请看，这节课谁来和我们一起学习？

出示视频：柯南自我介绍。

2. 导入课题

师：同学们，柯南破案的秘诀是什么？

生：推理。

师：这节课，我们跟着柯南一起来玩有趣的推理，每破解一个推理案件可以赢得柯南的一个勋章。

板书：有趣的推理。

设计意图：从学生熟悉的动画形象柯南入手，充分点燃学生的探究热情，为接下来的推理探究活动做好铺垫。

（二）自主求实、经历推理

探究一：借助表格推理

（1）分析信息，理解题意。

出示：学校有足球、航模和电脑兴趣小组。淘气、笑笑和奇思根据自己的爱好分别参加了其中一组，他们三人都不在一个组，他们分别在哪个兴趣小组？

师：从屏幕上，你看到了什么数学信息？在这么多信息中，你想提醒大家要特别注意什么？

生1：他们三人都不在同一个组。

生2：他们每个人只参加一个兴趣小组，不能重复。

生3：他们不能不参加兴趣小组，每个人都参加一个兴趣小组。

师：看来同学们都很懂得分析信息。

板书：分析信息。

师：这些信息足够判断他们分别参加了什么兴趣小组吗？

生：不够。还需要给些信息。

师：行，我再给你们一些信息，请看！

语音依次出示：笑笑说："我不喜欢踢足球。"淘气说："我不是电脑小组的。"奇思说："我喜欢航模。"

（2）分享交流，尝试推理。

师：现在能够判断了吗？

生：能。

师：谁来说说你是怎么想的？

生汇报交流。

设计意图：通过学生用语言表述无条理、不清晰的现象引出用列表法记录信息和推理过程的必要性。

（3）借助表格，经历推理。

① 生成表格，记录信息。

师：要结合很多信息来分析自己的思路，尽管我们自己心里面想得很明白，但是听的人会感觉有些乱，可以用什么办法把这些信息和思考过程都记录下来？

生：画图、列表。

师：这个办法好！我们可以把三个兴趣小组有序地排成一行，把三位同学有序地排成一列，然后用横线和竖线把它们区分开来，这样就形成了一个表格。那我们就可以在相应的方格中标记信息了。

表7-3-1

项目	对象		
	淘气	笑笑	奇思
踢足球			
电脑			
航模			

②独立思考，经历推理。

师：老师为大家准备了这个表格，大家试一试用它来记录信息和推理过程。

我们先一起看看学习要求。请一位同学大声读一读学习要求。

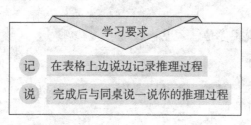

图7-3-1

生探究，师巡视。

③分享交流，经历推理。

师：孩子们，时间到。老师发现大家判断的结果都一样，但是大家分析的过程应该有所不同。谁来说说你是怎么想的？

生小组汇报交流，师引导点拨。

④对比反思，抓住关键。

师：第一位同学是从笑笑说的话入手，第二位同学是从奇思说的话入手，你认为从谁说的话入手能更快得出结论？

生：我认为第二位同学从奇思说的话入手能更快得出结论。

师：为什么？

生：因为奇思说他喜欢航模，那他一定在航模小组，那奇思就不可能在足球小组，也不可能在电脑小组，笑笑和淘气都不可能在航模小组；第一位同学从笑笑说的话入手，笑笑说她不喜欢足球，只能排除她不在足球小组，并不能确定她在哪个兴趣小组。

师：大家认为呢？

生：同意。

师：那看来，奇思说的这句肯定的话很重要，像这样重要的信息就是关键信息，抓住关键信息可以帮助我们更快地得出结论。

设计意图：掌握列表的推理方法是本课的重点，难点是培养学生有条理、全面快速思考问题的意识。此环节，在学生自主探究的活动中，亲身经历解决问题的过程，借助表格进行推理的简便性和条理性，渗透有序思考。同时能够更清楚地看到肯定判断和否定判断在推理过程中的不对称性，进而明白在推理时抓住关键信息的重要性。

⑤课堂生成，化错容错。

师：老师看到一位同学他是这样记录的。请问这位同学，听完大家的分享后，你想说些什么？

生：我发现我记录错了，因为每个人只能参加一个兴趣小组，所以每一行每一列只能有一个"√"。

师：同学们，这位同学懂得在倾听中及时修正自己的思路，非常会学习。同时我们要感谢这位同学，是他的错误提醒我们要严谨有序全面地思考问题，他的错误多有价值，我们把热烈的掌声送给他。

设计意图：有效利用学生易错资源，渗透一一对应思想，感受结合信息，依据规则推理的过程，能对自己和他人的问题解决过程给出合理的解释，有助于学生养成讲道理、有条理的思考习惯。

（4）回顾反思，小结方法。

① 回顾反思。

师：同学们，你们觉得借助表格推理有什么好处？

生：我觉得表格能很清晰地记录信息，能使我们的思路更加清晰。

师：是的，列表可以帮助我们记录信息，能够清晰地呈现思考过程。以后遇到类似的问题时，我们要记得请表格来帮忙。

② 小结方法。

师：我们一起来看看——刚才我们先分析信息、抓住关键信息，借助表格连续推理，得出结论，这就是柯南破案的秘诀——推理。

板书：连续推理、借助表格、得出结论。

设计意图：引导学生回顾与反思第一个任务的推理过程，通过归纳梳理，进一步感受推理在问题解决中的重要作用。

探究二：分类推理

（1）分析信息，理解题意。

师：祝贺同学们获得初级勋章！我们继续跟柯南去看看有什么案件等着我们吧！

课件出示柯南语音：我和小兰、园子一行人去参观东都美术馆的世界宝物展。无意中捡到一张带有暗号的纸条。宝物不见了。最先进入宝物展的A、B、C、D、E、F这6个人中，有一个人拿走了宝物，他藏在这栋楼的②号房间。你能通过纸条中的线索，推理出谁在②号房间吗？

师：老师给同学们1分钟时间，请同学们认真阅读纸条上的线索，可以把你认为重要的线索画一画、涂一涂，开始！

PPT出示：

1.B和C的房间都在这栋楼的左侧，C在B的上一层。

2.D的房间在最高层的左侧。

3.A的房间不在最高层，也不在最下层。

4.F没有放在D的旁边。

5.②号房间有宝物。

设计意图：以动态呈现案件，激发学生的探究兴趣，让学生在独立阅读信息的活动中收集有用信息，分析信息，养成认真、全面审题的习惯。

（2）动手操作，尝试推理。

师：根据这些线索，请你们四人小组合作完成合作探究单。

出示活动要求：

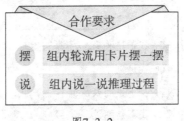

合作要求	
摆	组内轮流用卡片摆一摆
说	组内说一说推理过程

图7-3-2

师：清楚活动要求的请点点头，好，请组长拿出合作探究单，开始！

生合作探究，师巡视指导。

（3）分享推理，小结方法。

师：我看到每个小组都很认真地讨论问题，接下来让我们一起听听这个小组是怎么想的。

小组代表发言，生生交流，师生交流。

小结：大家在倾听中都懂得了，分类的方法可以把复杂的问题转化为两个简单的问题，懂得分类可以更快作出判断！

板书：表格和字母。

设计意图：掌握分类的推理方法是本课的重点，难点是培养学生有条理、全面快速思考问题的意识。此环节，在学生小组合作探究的活动中，让学生亲身经历解决问题的过程，感受推理的趣味性，在分享与评价中体会分类策略在推理中的应用，渗透分类思想和一一对应思想。

（三）拓展练习，提升推理

过渡：同学们通过信息整理、分析、判断，成功找回了宝物，了不起！同时祝贺同学们升级为星级勋章！我们继续跟着柯南去寻找目击证人吧！

课件播放柯南语音：在刚才的美术馆失窃案中的A、B、C、D这四位参观者的职业都不一样。这四个人中有一位商人是目击者，他看见是谁拿走了宝物。他们四人，你能根据下面提供的线索，找出目击证人吗？

A：我不是画家,也不是医生。

B：我是画家。

C：我不是商人，也不是律师。

D：我不是商人。

图7-3-3

师：请同学们根据提供的线索，借助表格找出谁是目击证人。

生独立思考完成推理，汇报交流。

小结：同学们都掌握了用表格记录信息、分析问题的方法，真好，祝贺同学们获得高级勋章。

师：同学们，如果你是商人，作为目击证人，你会怎么做？

生：报警，跟警察叔叔说出实情，让警察抓住他。

师：是的，我们生活在一个法治社会，要懂法守法！

设计意图：学生借助表格进行推理，在独立思考中增强应用意识，提高推理能力，在主动参与中学数学、玩数学。

（四）回顾梳理，感悟推理

1. 畅谈收获

你们有什么收获？你对自己的表现满意吗？

2. 生活中的推理

师：生活中的哪些地方会用到推理，我们一起来看看。

课件出示生活中的推理。

师：有什么想说的？

生：有趣的推理就在我们身边。

3. 回顾梳理

寄语：老师希望同学们把今天学习到的本领运用到我们的生活当中，用敏锐的眼睛去观察问题，用聪慧的头脑解决问题，做一个生活中的小推理家。

设计意图：通过回顾、梳理，培养学生归纳总结的良好习惯，同时引导学生反思生活的推理，感受推理来源于生活又作用于生活，提升学生应用推理的意识。

（五）课后游戏，延伸推理

课后作业：

最后，分享一个老师非常喜欢玩的，可以训练推理能力的"数独"游戏，欢迎同学们加入"数独"游戏派对，课后尝试玩一玩数独游戏。

设计意图：课的最后融入数学文化，布置课后作业，让学生开拓视野，增长见识。

（六）板书设计

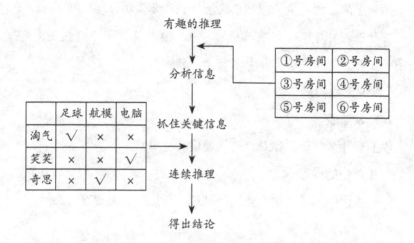

【课后思考】

"推理意识主要是指对逻辑推理过程及其意义的初步感悟。"推理意识既有助于养成讲道理、有条理的思维习惯，又能够增强交流能力，是形成推理能力的经验基础。人们的思维活动中时刻都有推理的思想在闪耀光芒，推理在数学中有着非常重要的作用，推理贯穿整个数学学习的过程。

（一）掌握推理方法，助力推理意识的形成

本节课以柯南破案为主线，在破案游戏中激发学生的探究兴趣，将数学与问题解决紧密联系在一起，让学生体会到数学的应用价值。借助列表进行信息的整理和分析，是开展推理解决问题的一种重要的方法，本节课引导学生感受列表法的简洁和条理性，通过问题的解决，让学生感受到可以从一些事实和命题出发，依据规则推出其他命题或结论，能够通过简单的归纳和类比猜想或发现一些初步的结论。

（二）有理有据表达，助力推理意识发展

用语言把推理过程清晰表达出来是一个难点，本节课给了学生充足的时间和空间，让学生通过独立思考、小组讨论、交流汇报等方式，充分地表达自己的观点，突出有序思考的重要性，有助于学生养成有理有据表达的良好习惯，增强交流能力，助力推理能力的形成。

第八章

数据意识

  数据意识主要是指对数据的意义和随机性的感悟。知道在现实生活中，有许多问题应当先做调查研究，收集数据，感悟数据蕴含的信息；知道同样的事情每次收集到的数据可能不同，而只要有足够的数据就可能从中发现规律；知道同一组数据可以用不同方式表达，需要根据问题的背景选择合适的方式。形成数据意识有助于理解生活中的随机现象，逐步养成用数据说话的习惯。

——《义务教育数学课程标准（2022 年版）》

第一节　数据意识概述

一、课程标准中的数据意识

在大数据时代背景下，数据与我们每个人的生活有着紧密的联系，在庞大而复杂的数据世界中根据需要选择数据、分析数据并根据数据进行预测或判断，是信息社会公民的基本素养。因此，在数学课程中培养学生形成数据意识，逐步养成用数据思考、用数据说话的习惯尤为重要。

2001年颁布的《全日制义务教育数学课程标准（实验稿）》首次将统计与概率作为数学学习内容的四大领域之一，并明确提出将"统计观念"作为统计课程的核心。实验稿对于"统计观念"的主要表现进行了描述："能从统计的角度思考与数据信息有关的问题，能通过对收集数据、描述数据、分析数据的过程作出合理的决策，认识到统计对决策的作用，能对数据的来源、处理数据的方法以及由此得到的结果进行合理的质疑。"[①]

2011年颁布的《义务教育数学课程标准（2011年版）》中将"统计观念"变更为"数据分析观念"，并将数据分析观念作为统计课程的核

---

① 教育部. 全日制义务教育数学课程标准（实验稿）［M］. 北京：北京师范大学出版社，2001：7.

心概念。《义务教育数学课程标准（2011年版）》对"数据分析观念"作出了较为具体的描述："数据分析观念包括了解在现实生活中有许多问题应当先做调查研究，收集数据，通过分析做出判断，体会数据中蕴含着信息。了解对于同样的数据可以有多种分析的方法，需要根据问题的背景选择合适的方法，通过数据分析体验随机性，一方面对于同样的事情，每次收集到的数据可能不同，另一方面只要有足够的数据就能从中发现规律，数据分析是统计的核心。"①

2022年颁布的《义务教育数学课程标准（2022年版）》将"数据分析观念"更名为小学阶段的"数据意识"和中学阶段的"数据观念"，说明了人们对于统计课程价值有了更深入的理解。数据意识主要是指对数据的意义和随机性的感悟。知道在现实生活中，有许多问题应当先做调查研究，收集数据，感悟数据蕴含的信息；知道同样的事情每次收集到的数据可能不同，而只要有足够的数据就可能从中发现规律；知道同一组数据可以用不同方式表达，需要根据问题的背景选择合适的方式。形成数据意识有助于理解生活中的随机现象，逐步养成用数据说话的习惯。②

小学阶段"数据意识"素养的形成与发展主要体现在"统计与概率"领域。统计包含数据分类、整理和表达，概率包含随机现象发生的可能性。"统计与概率"教学的核心是培养学生的"数据意识"（表8-1-1）。《义务教育数学课程标准（2022年版）》明确了不同学段学生

---

① 教育部. 义务教育数学课程标准（2011年版）[M]. 北京：北京师范大学出版社，2012：5.

② 教育部. 义务教育数学课程标准（2022年版）[M]. 北京：北京师范大学出版社，2022：9.

关于数据意识的学业要求，并提出可操作性的建议。

表8-1-1

学段	学习领域	学业要求
第一学段 （1～2年级）	统计与概率	能依据事物特征，按照一定的标准进行分类；能发现事物的特征并制定分类标准，依据标准对事物分类；能用语言简单描述分类的过程；感知事物的共性和差异，形成初步的数据意识
第二学段 （3～4年级）	统计与概率	能收集、整理具体实例中的数据，并用合适的方式描述数据，分析与表达数据中蕴含的信息。能用条形统计图合理表示数据，说明数据的现实意义 知道用平均数可以刻画一组数据的集中趋势，知道平均数的统计意义；知道平均数是介于最大数与最小数之间的数，能描述平均数的含义；能用平均数解决有关的简单实际问题，形成初步的数据意识
第三学段 （5～6年级）	统计与概率	能根据问题的需要，从报纸、杂志、电视、互联网等媒体上获取数据，或者通过其他合适的方式获取数据，能把数据整理成条形统计图、折线统计图，知道条形统计图、折线统计图和扇形统计图的功能，会解释统计图表达的意义，能根据结果作出简单的判断和预测，形成数据意识 能列举生活中的随机现象，列出简单随机现象中所有能发生的结果，判断简单随机现象发生可能性的大小

二、数据意识的要素分析

《义务教育数学课程标准（2022年版）》中关于"数据意识"表现形式的描述为："知道在现实生活中，有许多问题应当先做调查研究，收集数据，感悟数据蕴含的信息；知道同样的事情每次收集到的数据可能不同，而只要有足够的数据就可能从中发现规律；知道同一组数据可以用不同方式表达，需要根据问题的背景选择合适的方式。"[①]从课程标准的描述中，可以看出数据意识包含的三个要素：数据意识、随机性意识和方法意识（表8-1-2）。

表8-1-2

要素	主要表现
数据意识	能根据调查需要收集数据，感悟数据蕴含的信息
随机性意识	知道数据是随机性的，能从数据中发现规律
方法意识	掌握数据收集和分析的方法，能根据问题的背景选择合适的方式表达数据

1. 数据意识

信息化时代，面对铺天盖地的信息，能够根据需要，从众多信息中收集有用的信息帮助自己解决问题，是现代公民的一项基本能力。通过统计与概率的学习，培养学生的数据意识，让学生关注数据，在面对问题时，能主动根据自己的需要收集数据、分析数据，感悟数据蕴含的信息，预测趋势，解决问题。

2. 随机性意识

客观世界中的各种现象，有些现象是必然发生的，有些现象是随机现象。必然发生的现象学生容易理解，但是随机发生的现象往往是多种因素相互作用的结果，学生对随机现象及其发生概率的理解有一定难度，数据分析是认识和理解随机现象的一把重要的钥匙，随机性意识的培养，有利于学生客观、辩证地认识和理解世界。

[①] 教育部.义务教育数学课程标准（2022年版）[M].北京：北京师范大学出版社，2022：9.

3. 方法意识

掌握收集数据的方法，能够用合适的工具分析数据，能根据需要解决实际问题，选择合适的方式表达数据，是一个现代公民拥有数据意识的重要表现。小学阶段学习数据收集和分类整理的方法，学生在面对现实问题时，在面对众多的信息时，要思考自己是否能够灵活运用学过的方法收集并整理数据，用恰当的方式表达数据。

第二节　数据意识教学策略

数据意识主要是指"对数据的意义和随机性的感悟"。形成数据意识能够帮助学生关注数据，从数据的角度去观察、思考生活中的问题，能依据数据做出合理的推测与判断，养成用数据说话的习惯。

一、在"生活问题"中理解数据的实际意义

让学生在生活问题中理解数据的实际意义，是学生分析数据、获取信息的重要前提。例如，在"平均数"的学习中，学生仅仅掌握平均数的计算方法是远远不够的，教师需要引导学生结合实际讨论并理解生活中的各类平均数。歌唱比赛需要计算评委的"平均分"，以平均分作为选手的最终得分，为什么不能比较最高分或者最低分？泳池的平均水深是1.2米，是否表示泳池中每个位置都是1.2米，为什么？通过对生活问题中平均数的讨论才能让学生真正建构对平均数含义的理解，知道我们什么时候需要计算平均数，平均数能够对我们的问题解决或者做出决策有什么帮助。

二、在"经历过程"中培养数据意识

当前"统计与概率"教学存在的一个较为普遍的现象，即教师为学

生提供现成的数据，面对收集整理好的数据，学生只要根据问题，观察数据、分析数据即可，这样的统计教学，只培养了学生的分析问题和解决问题的能力。为什么要统计？需要收集什么数据？怎样收集并整理数据？这些环节的缺失，导致学生在面对实际问题时，无法真正借助数据信息来分析问题、解决问题。因此，统计教学需要学生经历统计的完整过程——数据的收集、整理、分析、决策，才能让学生真实感受统计的意义，形成初步的数据意识和应用意识。

例如，一年级"评选吉祥物"，教学时，教师可引导学生结合自己班级的实际，引导学生从问题的提出"怎样才能选到大部分同学都喜欢的吉祥物"思考要解决这个问题，需要做什么？引导经历吉祥物的推荐，选票的收集，数量的统计与比较数量，根据数量进行决策的全过程。让学生感受到统计的必要性，会选择合适的方法收集数据、整理数据，会表达数据、分析数据，形成初步的数据意识。

三、在"不确定事件"中感悟数据的随机性

感悟数据的随机性是数据意识的要素之一。数据的随机性主要体现在：一方面，对同样的事情每次收集到的数据可能会是不同的；另一方面，只要有足够的数据，就可能从中发现规律。[1]小学阶段培养学生的数据意识过程中，比较难的一点是体会数据的随机性。需要教师引导学生依托具体的不确定事件，由特殊到一般，让学生感悟数据的随机性，逐步培养学生的数据意识。

例如，在"抛硬币"的教学中，学生依据硬币的特征会猜测，抛硬

---

① 孙晓天，张丹. 义务教育课程标准（2022年版）课例式解读［M］. 北京：教育科学出版社，2022（6）63.

币时出现正面和反面的机会相等，所以，抛出的正面和反面的次数应该是接近的，但是在抛硬币记录数据的过程中发现，正面与反面出现的数据并不像预测的那样，出现了有的同学抛到的正面次数多，而有的同学抛到的反面的次数多，面对这种现象，教师可以引导学生围绕这一现象思考为什么会出现这个现象？如果将所有同学抛硬币的次数相加，正面和反面出现的次数会接近吗？通过对问题的探讨，让学生感悟数据的随机性，体会数据的价值。

第三节　数据意识教学案例

播下数据种子　形成数据意识

——"评选吉祥物"教学实践与思考

版本：北师大版

年级：二年级

领域：统计与概率

核心素养：数据意识、符号意识

【学习内容】

北师大版数学二年级下册86～87页。

【背景与学情分析】

"评选吉祥物"是北师大版二年级下册"调查与记录"第一课时的教学内容，是"统计与概率"教学的起始课。读懂教材，可以帮助我们更好地聚焦素养，落实课程目标。这节课处于学生学习数据统计的经验积累阶段，不涉及正规统计知识的学习。教材强调引导学生用自己的方式尝试数据的收集和整理活动。首先，调查的方法是通过交流的方式帮助学生厘清调查活动的具体方式和思路，教材提示了两种常用的调查方法。一个是举手表决的方法，另一个是投票的方法。在引导学生记录调查结果时，教材呈现两种记录方式，让学生体会用符号表达数据调查的记录方式，使学生在对记录方式有所认识的基础上，读懂所记录的数据的意义，尝试根据数据进行简单判断与决策，帮助学生真正理解收集调查数据的方法，并用数据分析问题，解决问题，初步形成数据意识。

二年级的学生主要通过观察和体验生活中的数学现象感知数学，在本课学习之前，学生已经积累了比较数的大小、两位数加减计算以及把一些物体简单分类的经验，这些知识和经验是学习统计知识的重要基础，学生对举手或投票具有一定的认识和经验。学生数据意识的形成是点滴积累的结果，它的提高和发展伴随着学生学习数学的全过程。因此，在教学过程中，需要教师积极利用和调动学生原有的生活经验，使学生逐步理解用数据说话的必要性和实际意义，学会用数字符号、图形符号收集整理数据，培养学生初步的抽象思维能力，发展学生的核心素养。

【学习目标】

1. 结合举手和投票评选吉祥物的活动，会用简单的符号进行记录数据的统计方法，感悟符号表达的简洁美，体会收集数据的方法和统计调查的必要性。

2. 在调查活动中，通过观察，能看懂他人记录调查的数据，了解记录调查数据的方法，渗透符号意识、初步形成数据意识。

3. 在调查活动中，通过交流，养成接纳、鉴赏他人意见的良好习惯，在表达自己意见的过程中，增强自信心和创造力以及对数据调查活动的兴趣。

【学习准备】

学习任务单、多媒体、投票箱、选票

【学习活动】

（一）创设情境——激发数据解决问题的意识

师：同学们，今天有个可爱的小伙伴来和我们一起学习，看！谁来了？

课件出示冰墩墩：小朋友们好！我是大家的好朋友北京冬奥会的吉祥物冰墩墩。

师：大家喜欢冰墩墩吗？

生：喜欢。

师：从大家灿烂的笑容可以看出大家真的很喜欢冰墩墩。老师也非常喜欢，所以老师在网上搜集了很多不同款式的冰墩墩，请看。老师想从这几款中选出同学们最喜欢的一款作为我们班的吉祥物，你想选哪一款呢？

生1：我喜欢高山滑雪的冰墩墩。

生2：我喜欢打冰球的冰墩墩。

……

师：老师想把同学们喜欢的冰墩墩记下来，但是文字太多了，记录起来有点儿麻烦。谁有好办法，让我们记录起来方便一些？

生：用数字。

师：你的意思是用数字来表示不同款式的冰墩墩是吗？你们觉得这个方法怎么样？

生：方便交流。

师：好的，那就按你说的办，用数字代替文字。

生汇报，师记录，用1～4数字给四款冰墩墩编号。

小结：用1、2、3、4这四个不同的数字代替不同款式的冰墩墩，用"数字"，代替"文字"，一个小小的改变，就能让交流更方便，真好。

板书：数字。

设计意图：通过评选"冰墩墩"作为班级文化的吉祥物吸引学生的注意力，激发学生用数字符号来记录数据，体会用数字等符号表达的简洁性，点燃学生收集数据的热情，唤醒数据收集的意识，为后续探究打好基础。

（二）聚焦问题——经历收集、整理、分析数据的统计过程

1. 活动一：交流定方法

师：老师发现大家的想法都不一样，那怎样才能知道哪一款冰墩墩最受欢迎？

（1）方法一：举手数

生：可以举手。

师：那举手后要怎么做呢？

生：举手后还要数一数看谁最多，多的就是最受欢迎的。

师：是的，举手数一数是个好办法。还有不同的想法吗？

板书：举手数。

（2）方法二：逐一问

生：可以一个一个地问。

师：一个个地问，就可以了解哪一款最受欢迎。嗯，真会想办法，还有其他办法吗？

板书：逐个问。

（3）方法三：投票

生：投票，看看哪个票数多。

师：通过投票的方式来了解，是个好办法。生活中如果我们要选举代表，或者评选优秀的时候常常会用到这个方法。

板书：投票选。

小结：孩子们，刚才我们想到的这些都是调查的好方法。今天我们用投票选的方法来调查最受欢迎的冰墩墩。

板书：评选吉祥物。

2. 活动二：实践用方法

（1）投票

师：投票前要准备什么？

生：投票箱、选票。

师：那现在我们来投票吧！请拿出课前老师为大家准备的选票，在选票上写上你最喜欢的一款冰墩墩的号数，老师说明白了吗？开始吧！

生填写选票。

师：填写完的同学请坐端正！老师为每个组准备了一个投票箱，请同学们按顺序把你们的选票分别投进你们组的投票箱里。

生以小组为单位，排队投票。

师：同学们，现在票都收上来了，接下来该怎么办？

生：一个个地数。

生：一个个地写下来。

师：是的，投完票，我们要对投票情况进行整理和记录。我们以前没有尝试过怎么记录，我们先来看看别人是怎样做的。请看，淘气和笑笑是怎样记录他们班评选吉祥物时的调查情况的。请仔细看，看懂了就和你的同桌说说，开始吧！

生看书自学，师巡视指导。

师：谁来分享，你看懂了什么？

生1：老师，淘气是用画竖线的方法记录数据的，一条竖线代表一票。我还通过数一数，知道了小兔获得了8票，猴子获得了6票，鱼获得了11票，熊猫获得了13票。

师：这样用竖线来表示有什么好处？

生：方便。

师：看来你真的看懂了。那笑笑的呢？

生：我看到笑笑是用符号记录的，用圆代表兔子，用叉代表猴子，用正方形代表鱼，用三角形代表熊猫。我还发现笑笑在符号旁边记录了每种动物有几票：兔子得了8票，猴子得了6票，鱼有11票，熊猫有13票。

师：你观察得很仔细。

师：淘气和笑笑的记录方法看起来不一样，但有没有相同的地方呢？

生：他们记录的动物是一样的。

生：他们都是用一个符号来表示数量的。

师：分类整理，用图形表示，这样记录既方便又简洁。同学们刚才能够仔细观察、分享交流，这都是学习的好办法，老师为你们点赞！接下我们也试一试用数字或者符号来记录选票情况吧！

合作任务单	
评选吉祥物	
①	
②	
③	
④	

喜欢①号冰墩墩的有（　　）人；
喜欢②号冰墩墩的有（　　）人；
喜欢③号冰墩墩的有（　　）人；
喜欢④号冰墩墩的有（　　）人。

合作要求：
①明确分工。记录员认真听、专心记，监督员认真听、仔细看；
②用喜欢的方法记录；
③填写记录的数据。

图8-3-1

明确要求：请一个同学当唱票员，大声读出选票上的号数，让同学们听得见，读完后请你根据选票上的号数将选票贴在相应的位置上。请一位同学当监票员，认真听唱票员唱票，如果发现唱票员读错了或者贴错位置，请帮忙提醒。

邀请唱票员和监票员上台。

师：其他同学也有任务，请大家同桌合作，一个人用你喜欢的方法将各冰墩墩的得票情况记录在这张任务单上，另一个人负责看他有没有写错。大家都听清楚了吗？现在请同学们拿出课前老师给你们准备好的记录单，开始吧！

（2）开始唱票记录

生唱票、记录，师巡视，了解学生表达方式。

（3）交流

师：谢谢我们的唱票员和监票员，现在请同学们根据刚才的记录情况填一填。

师：老师发现很多同学已经完成了，我们来听听这个小组的分享，看他们是如何记录的。我喜欢坐得特别端正的小组。

生汇报。

师：调查的结果和他们一样的请举举手。

生举手。

①预设一：没有人反对。

师：谢谢这个小组的分享，思路清晰，掌声送给他们！老师发现刚才这个小组在汇报的时候，其他同学都在认真倾听，这是个非常好的习惯。

②预设二：有学生不同意。

师：我们一起来数一数，检验一下吧！

师：同学们，犯错误不可怕，错误是有价值的，我们不要害怕犯错，如果错了要想想为什么错，错在哪里，今后就可以避免了。

师：再来看看这个小组的记录情况。他们是怎么记录的？

生：用符号记录的。

师：用同一种图形来记录的。这样有什么好处？

生：方便。

师：确实，用图形来记录比较方便。

3. 活动三：回顾明方法

师：同学们，看着我们调查的结果，几号冰墩墩的票数最多？那我们就尊重多数人的意见，推选出x号冰墩墩作为我们班的吉祥物。（贴：冰墩墩）

师：那我们班的吉祥物就定下来啦。接下来让我们和冰墩墩一起回顾刚才的学习过程吧！

冰墩墩：亲爱的同学们，今天我们在评选吉祥物时，用数字代替文字进行交流，发现交流起来非常方便。同学们还积极开动脑筋，想了很多调查的方法：可以逐一问、可以举手数、可以投票选，等等，我们还发现用图形符号来记录数据特别方便。最后，我们根据调查的数据顺利解决了问题。能和大家一起学习，我非常高兴。

师：孩子们，以后遇到类似这样的问题，是不是也可以通过调查来解决呢？

生：是的。

师：祝贺同学们学有所获。

设计意图：通过实践活动，让学生体验投票调查的全过程，在看懂他人记录数据的同时学会记录，体会到用简洁的图形符号来进行记录会更便捷，感受数学语言的奇妙，简单明了。在整理分析数据的过程中培养学生认真负责、实事求是的态度，同时培养学生小组合作的意识和能力。

（三）提升运用——基于数据分析的实践运用

问题一：哪种奖牌的数量多？

师：冰墩墩看到大家这么认真学习，他邀请大家一起收看奥运健儿勇夺金牌的精彩瞬间，我们一起去看看吧。

播放视频。

师：看完了有什么感觉？

生：很激动，运动员很厉害。

师：看到每一个争夺奖牌的瞬间，老师都很自豪，为强大的祖国感到自豪，为运动员感到骄傲！让我们一起把掌声送给为国争光的运动员们。冰墩墩用今天学习的方法记录了本届冬奥会运动健儿勇夺的每一枚奖牌，一起来请看。

课件呈现统计图及问题。

中国代表团2022年北京冬奥会奖牌榜

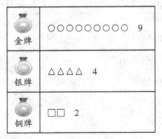

冰墩墩一共记录了（　　）枚奖牌。

其中数量最多的是（　　），数量最少的是（　　）。

问题：一共记录了（　　　）枚奖牌。其中数量最多的是（　　　），数量最少的是（　　　）。

师：冰墩墩用什么方法来记录奖牌数量的？你能根据图回答冰墩墩的问题吗？

生1：冰墩墩用图形来记录奖牌数量。金牌有9枚，银牌有4枚，铜牌有2枚，一共有15枚奖牌。

生2：其中金牌的数量最多，银牌的数量最少。

师：用图形记录有什么好处？

生：方便、快。

小结：同学们你们知道吗？该届冬奥会是截至2022年以来我国获得奖牌最多的一届，每一位中国人都为自己的国家感到骄傲。

问题二：怎样吃才健康？

师：运动员为了保持最好的运动状态，他们都非常注重饮食健康。老师想调查我们班同学的饮食习惯怎么样，可以怎样调查？

生：举手数。

师：好办法。

课件出示表格：只爱吃肉，只爱吃菜，既爱吃肉又爱吃菜。

只爱吃菜	只爱吃肉	肉和菜都爱吃
（　　　）人	（　　　）人	（　　　）人

师：我们先来调查第一类，只爱吃肉的小朋友请举手。大家帮忙一起数。第二类只爱吃菜的小朋友请举手。既爱吃肉又爱吃菜的同学，请举手。

生举手，数数，记录。

师：看着这个数据，你有什么想说的？

生：要饮食均衡。

师：通过调查，我们发现我们班大部分同学都有非常好的饮食习惯，真好。良好的饮食习惯可以帮助我们像运动员那样拥有强健的体魄。这个是健康饮食金字塔，同学们有兴趣，课后可以去了解更多的健康饮食的相关知识，一起做健康饮食小达人。

健康饮食金字塔

图8-3-2

设计意图：设计有层次的练习，逐步引导学生在经历用统计的方法解决班级问题之后，继续带着研究带着用数据说话的思维解决生活中的问题，感受数学来源于生活，又服务于生活，激发探究的兴趣，再次感受用数据表达的价值，形成数据意识。

（四）拓展延伸——初步形成数据意识

1. 畅谈收获

师：同学们，这节课你有收获吗？谁来分享？

设计意图：引导学生回顾反思学习过程，让学生进行自我评价，畅谈收获，提升学生的语言表达能力，增强学生学习的自信心，培养学生的归纳整理能力，引导学生进一步感受用数据分析问题、解决问题的价值，感受用符号表达的简洁，强化数据应用意识。

2. 全课总结

同学们，这节课我们学会了遇到问题怎样做调查，通过调查收集，懂得用符号帮助自己快速简洁地记录调查的数据，尝试分析数据，得出结论，解决问题。在这节课里，同学们做到了认真倾听，遇到问题能积极开动脑筋思考，主动和小伙伴合作，大胆地表达自己的想法，老师为大家的每一份收获感到骄傲。希望同学们在以后的学习中，也像今天这样自信、积极、努力。

3. 布置作业

师：课后选择一个你们小组最想了解的问题，像今天这节课这样在班级里开展调查，可以吗？

设计意图：通过对整节课的回顾和梳理，肯定学生良好的学习习惯，鼓励学生课后继续积极探索，培养学生积极用数学的眼光观察、思考生活现象的习惯。

4. 板书设计

调查方法 { 逐一问 举手数 投票选

记录方式 { 数字：①②③④ 图形：△○……

评选吉祥物	
①	
②	
③	
④	

【课后思考】

在这节课中，学生第一次接触了数据调查，生活中学生缺乏收集整理数据的生活经验，所以本节侧重通过观察他人的做法，以使学生了解调查和记录数据的方式。

（一）经历过程，形成数据意识

全课围绕评选最喜欢的冰墩墩作为我们班的吉祥物这一情境，让学生经历数据的调查、收集、整理、描述的过程，感受用数字符号、图形符号表达的简洁美，初步体验符号在数学表达中的作用，初步形成符号意识。

（二）用数据说话，形成数据意识

引导学生在情境中理解为什么需要收集收据，在用收集数据、分析数据、用数据解决问题的过程中，感受统计的必要性，养成学生用数据说话的习惯，初步培养学生的数据意识。

第 九 章

模型意识

　　模型意识主要是指对数学模型普适性的初步感悟。知道数学模型可以用来解决一类问题，是数学应用的基本途径；能够认识到现实生活中大量的问题都与数学有关，有意识地用数学的概念与方法予以解释。模型意识有助于开展跨学科主题学习，增强对数学的应用意识，是形成模型观念的经验基础。

——《义务教育数学课程标准（2022 年版）》

第一节 模型意识概述

一、课程标准对模型意识的表述

张奠宙教授认为："从广义角度上说，数学中的各种基本概念和基本算法，都可以称之为数学模型。"[①]模型思想是沟通书本知识和现实问题的桥梁。小学阶段形成初步的模型意识，主要的目的是培养学生对现实问题的理解能力、分析能力和解决问题的能力。发展学生的模型意识能够促进学生可持续性发展，是人才培养的必然要求。

《义务教育数学课程标准（2011年版）》在前言中明确提出，在数学课程中，应当要注重发展学生的一系列能力，十个关键词中包括了"模型思想"，这是课程标准首次明确提出"模型思想"。《义务教育数学课程标准（2011年版）》对模型思想进行了阐述："模型思想的建立是学生体会和理解数学与外部世界联系的基本途径。建立和求解模型的过程包括：从现实生活或具体情境中抽象出数学问题，用数学符号建立方程、不等式、函数等表示数学问题中的数量关系和变化规律，求出结果并讨论结果的意义。这些内容的学习有助于学生形成初步模型意

[①] 张奠宙，孔凡哲，黄建弘，等. 小学数学研究［M］. 北京：高等教育出版社，2009：241.

识，提高学习数学的兴趣和应用意识。"①模型思想作为课程标准中新增的核心概念，引发了众多专家学者和一线教师的实践与研究。培养学生的模型思想，有助于学生用数学的语言表达现实世界，用数学的模型解决实际问题，是当前社会对具有问题解决能力人才的需求和数学教学目标一致的表现。

随着对"模型思想"的深入研究，《义务教育数学课程标准（2022年版）》将"模型思想"更名为"模型意识"和"模型观念"，小学阶段主要形成和发展"模型意识"，初中阶段主要培养和发展"模型观念"，小学阶段模型意识的形成是中学阶段形成模型观念的基础。《义务教育数学课程标准（2022年版）》对小学阶段"模型意识"的内涵和表现形式进行了描述（表9-1-1）："模型意识主要是指对数学模型普适性的初步感悟。知道数学模型可以用来解决一类问题，是数学应用的基本途径；能够认识到现实生活中大量的问题都与数学有关，有意识地用数学的概念与方法予以解释。模型意识有助于开展跨学科主题学习，增强对数学的应用意识，是形成模型观念的经验基础。"②模型意识主要是"对数学模型普适性的初步感悟"。教师应深入研读教材，在实际教学中借助教材，引导学生在知识的学习中，在问题的解决中逐步形成模型意识，发展核心素养。

---

① 教育部. 义务教育数学课程标准（2011年版）［M］. 北京：北京师范大学出版社，2012：5.

② 教育部. 义务教育数学课程标准（2022年版）［M］. 北京：北京师范大学出版社，2022：10.

表9-1-1

学段	学习领域	学业要求
第一学段 （1～2年级）	数与代数	能在解决问题的过程中，体会解决问题的道理，解释计算结果的实际意义，感悟数学与现实世界的关联，形成初步的模型意识
第二学段 （3～4年级）	数与代数	能在真实情境中，发现常见数量关系，感悟利用常见数量关系解决问题；形成初步的模型意识
第三学段 （5～6年级）	数与代数	能在具体问题中感受等式的基本性质

二、模型意识的教学价值

小学阶段模型意识的教学主要体现在让学生经历从现实世界中抽象出简单的数学模型，并能够运用数学模型解决简单实际问题的学习过程中。学生在学习中能够把握数学本质，感受数学与生活的密切联系，提升问题解决能力，形成模型意识。

（一）促进学生对问题本质的理解与把握

数学概念、公式、定理等的学习都是学习者对生活现象中具体事物的本质特征的认识和理解的建模过程。在学习的过程中，教师通过引导学生观察、分类、比较、归纳等学习过程，抽象出事物的共同属性，使学生经历从"现象"到"本质"的学习历程，有助于学生把握事物的本质特征，提升思维水平，例如：学生对分数的理解，就是经历从具体到抽象，由观察现象到把握本质特征的过程。如图9-1，为了让学生理解分数，教材设置了让学生分别涂出下列图形的 $\frac{1}{2}$，让学生感受，无论是什么图形或者物体，只要是把一个整体平均分成两份，其中的一份就可以用分数 $\frac{1}{2}$ 来表示，以帮助学生抽象出分数的共同属性，促进学生对分数概念的理解。

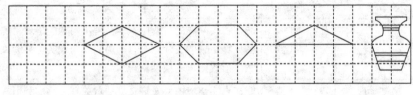

图9-1-1

（二）提升学生用数学的语言概括和表达的能力

数学模型是数学对现实世界中研究对象本质特征抽象的结果。经历用数学的概念和符号来表达数量和数量关系的数学模型建构过程，有助于提升学生的抽象概括和问题表达能力。从一年级开始，学生就在建构数学模型的过程中，尝试用数字符号、运算符号表达数量和数量关系，随着年级的增长，逐步扩展到用字母符号来表征未知数和关系式。数学模型表征方式的丰富，说明学生的抽象思维能力和解决问题能力水平的逐步提高。

（三）提高学生运用知识解决问题的能力

数学模型来自对现实生活同一类问题的抽象，同时也有助于方便解决该一类问题。学生在学习了"长方形的面积"之后，运用公式计算生活中长方形物体的面积；在学习"乘法分配律"之后，运用运算定律解决生活中的实际问题。在问题解决的过程中，学生能够感受运用数学模型解决问题的便捷，提高问题解决能力，更加主动地去关心生活现象，体验数学学科与生活的密切联系，感受数学广泛的应用价值。

第二节 模型意识教学策略

小学阶段的数学学习，只有深化到模型思想和模型意识上，才是深入的真正意义上的数学学习。因此，教师在日常教学中，有意识地结合知识学习的过程渗透模型意识，在问题解决的过程中让学生感悟模型、运用模型，有助于帮助学生形成模型意识和应用意识。

一、在现实情境中理解概念和规则，形成初步的模型意识

数学概念是数学学习的基石，数学规则是数学运算、推理的依据。小学阶段的数学概念和数学规则的学习几乎都涉及数学建模的过程。由于小学生以形象思维为主，小学阶段数学概念的建构应当遵循从具体到抽象的原则，教师要为学生提供丰富的学习素材，引导学生对日常生活中的具体事物进行充分的感知，对事物的本质属性形成初步的印象，通过分析、比较、归纳等数学活动，抽取事物的本质特征，理解概念，形成初步模型意识。

例如，学生认识"周长"的概念，就需要借助生活中各种物体，通过摸一摸、描一描等数学活动，充分感受"物体一周的长度"这个本质特征，形成对周长的初步印象，然后尝试运用数学的语言表达周长的本质特征。依托现实情境建构数学模型，有助于学生深入理解模型，初步

形成模型意识。

二、在抽象表征的过程中，形成初步的模型意识

数学的公式和定理常常是以字母、符号等抽象的形式来表征。让学生在学习中逐步尝试用数学的字母、符号等形式进行表征的过程中，感受到数学模型的简洁性，从而使学生能够有意识地归纳数学模型，感悟数学模型的价值，形成初步的模型意识。

例如，"用字母表示数"的学习中，教材通过数青蛙的儿歌情境，引导学生思考青蛙的只数和青蛙嘴巴的数量、耳朵的数量以及腿的数量之间的关系，学生在思考、讨论的过程中会发现，含有字母的式子不但可以表达数量，还可以表示数量间的关系，只要知道青蛙的只数，就可以根据数量关系求出青蛙耳朵和腿的数量，在抽象的表征和问题的解决中，学生感受到用字母表示数和数量关系的简洁性。

三、在运用数学模型解决问题的过程中，培养模型意识

数学模型是数学与生活的桥梁。运用数学模型解决生活中的实际问题，是学生体会和理解数学与实际生活的联系的基本途径。认识到现实生活中的大量问题都和数学有关，有助于培养学生的模型意识。小学教材中"速度×时间=路程""单价×数量=总价"是两个非常典型的模型，工程问题、行程问题等都可以运用典型模型来解决，在"图形与几何"板块的学习中，各类图形的公式都是可以用来解决问题的数学模型。

在引导学生用模型解决问题的过程中，最关键的环节就是引导学生建构起生活问题和数学模型之间的联系。例如，解决"一张圆桌需要多少米的桌裙"问题，就要引导学生思考桌裙有多长的生活问题，和我们

学习的哪个数学知识有关系，学生通过思考，明确桌子是圆形的，桌裙有多长的问题就是数学中求圆形的周长问题，因此，桌裙问题可以运用圆形的面积公式来解决。在问题的解决中，通过分析问题、建构联系、运用模型一系列的过程，学生感受到数学模型的实际价值，提高了学生密切联系生活，运用数学模型解决问题的意识和能力。

第三节　模型意识教学案例

亲历"建模"过程　形成模型意识

——"打电话"教学实践与思考

版本：人教版

年级：五年级

领域：综合与实践

核心素养：模型意识、应用意识

【学习内容】

人教版数学五年级下册102～103页。

【背景与学情分析】

人教版五年级下册"打电话"这节课是以四年级"数学广角"单元优化思想的学习为基础，通过创设"打电话"这一与学生生活经验紧密结合的情境，让学生尝试在解决问题的过程中，经历从多种方案中以优化的角度寻找最佳方案，通过动手操作、画图、模拟等方式发现事物隐含的规律，建构解决问题的模型，进一步体会数学与生活的密切联系，以及优化思想在生活中的应用。

学生能够联系生活实际及已学过的知识来设计方案，但是否能找到最优的方案，发现事物隐含的规律，是重点也是难点。所以本节课让学生亲身经历寻找最优方案的全过程，在理解的基础上运用优化的思想寻找最优方案，建构解决问题的数学模型，形成模型意识。

【学习目标】

1. 经历有目的、有计划、有步骤的实践活动过程，积累数学活动经验。

2. 通过画图、列表等方法探究打电话的最优方案，发现事物隐含的规律，建构解决问题的模型，培养解决问题的能力，体会数形结合、推理、优化等数学思想，发展模型意识。

3. 体验数学与生活的密切联系，形成应用意识。

【学习准备】

多媒体、合作探究单

【学习过程】

（一）开门见山、温故引新

师：孩子们，还记得上学期我们学习的沏茶和烙饼问题吗？怎样沏茶才能让客人尽快喝上茶呢？

生：烧水的时候准备茶叶、清洗茶杯，这样比较节省时间。

生：不要有空余的时间就可以尽快让客人喝上茶。

小结：生活中的小事情如果从数学的角度去思考，你会发现其中有着大学问，今天这节课，我们也一起来研究打电话这件小事情，看看能不能从这件小事情中发现大学问。

出示课题：打电话。

设计意图：从生活经验看，学生已经具有打电话通知他人某项事务的生活经验。从知识经验看，学生在四年级已经通过学习"烙饼问题""沏茶问题"等日常生活的简单实例，形成初步的优化思想，已有在解决问题的过程中寻找优化方案的经验。这与打电话如何节省时间的问题所需的素养是一致的，都需要引导学生抓住问题的本质进行猜想。因此，采用谈话导入的方式，引发学生已有的学习经验，为后续学习做好铺垫。

（二）自主探究、建构模型

1. 化繁为简，初步感受优化策略

课件出示：

通知3位同学回学校，用打电话的方法，每分钟通知1人，需要多长时间？

明确问题：林老师想通知3位同学回学校，用打电话的方法，每分钟通知1人，需要多长时间？你是怎么想的？

生：3个人一个一个地通知，一共3分钟。

师：一个一个地通知，我们可以说是逐个通知（板书：逐个通知），谁能用简单的办法把这位同学的想法记录下来，让我们一眼 就看得明白。

生：用圆形表示老师，三角形表示学生，然后连线。

师：画图是个好办法，如果在这个连线上再标明时间，那么时间和顺序就一目了然啊，真好。还有不同的想法吗？

生：老师先通知一个同学，然后这个同学和老师一起通知另外两个同学，这样只要两分钟。

师：能把你的想法也像这样画出来吗？你的办法比刚才的方法节省了一分钟，这一分钟从哪里来？

生：两个人一起通知。

师：也就是说，知道消息的人不闲着，都帮忙通知，时间就节省了。这个过程中大家都不闲着，我们可以说无空闲通知（板书：无空闲通知）。照这样继续通知下去，下一分钟就可以通知4个人了，3分钟之内就能通知7个人了。

小结：都是3分钟，策略的不同，效率相差很远。看来，做事情之前开动脑筋想个好方案很重要。

设计意图：在解决通知15人回校这一较困难的问题之前，先引导学生思考通知3人回校这一较简单的问题，引导学生用符号语言表达自己的思路，明确既可以采用逐一通知的方法，也可以采用无空闲通知的方法，为接下来解决较复杂的问题作好铺垫。

2. 小组合作、探究模型

（1）明确要求

师：真是善于思考的孩子，老师想请大家帮个忙，请看。

课件出示：暑假期间有一个紧急的演出任务，老师要尽快通知合唱队的15位同学回校，如果用打电话的方式，每分钟通知1人，你能设计一个打电话的方案吗？

一个合唱队共有15人，暑假期间有一个紧急演出，老师需要尽快通知到每一个队员。如果用打电话的方式，每分钟通知1人，请帮助老师设计一个打电话的方案。

师：孩子们，好好分析分析，哪些信息很关键。

生：要通知15人。

生：紧急任务，说明要快。

生：用打电话的方式通知，一分钟只能通知一个人。

师：同学们都说得很好。下面，请先想一想你打算怎样设计这个打电话的方案。然后和你的小组成员说一说你的想法，最后用你喜欢的方法设计一个打电话的方案，可以独立设计，也可以和同桌合作完成。

（2）课件出示

设计一个打电话的方案，要求：

① 组内说一说你打算怎样打电话。

② 在纸上用自己喜欢的方法设计打电话的方案。

（3）展示交流

学生分小组交流，教师巡视指导。

① 学生汇报分组通知方案。

师：告诉大家，你们一共用了多长时间？怎么做的？

生：把同学们分成3组来通知，老师先通知组长，组长再通知组员，一共需要7分钟。

师：你们听明白了吗？有什么问题要问吗？

```
老师——组长1——组员1、2、3、4
  老师——组长2——组员5、6、7、8
    老师——组长3——组员9、10、11、12
```

② 学生汇报无空闲通知，教师引导学生将知道消息的人数填写入表格。

表9-3-1

时间	1	2	3	4		
知道消息的人数	2	4	8	16		

（4）寻找规律

师：用时最短的是4分钟，孩子们有没有发现，尽管图形不同，形状各异，但学数学的人，特别会透过现象看本质，你们有没有发现这些方案的共同的地方？

生：都没有空闲的人。

师：为什么都采用无空闲的策略呢？

生：这样节省时间。

师：孩子们，我们一起看看这些数据，你发现什么？

生：接到通知的人数是已知消息人数的两倍。

（5）分析比较

师：有没有同学用逐一通知的方法？如果用这种方法要多长时间？

师：孩子们，如果只是老师一个人通知，15个人需要15分钟，如果像这样采用分组通知，还是需要7分钟。看来要想尽快通知到每一个人，关键是要做到每一个接到通知的队员都不空闲。要使这个方案切实可行，我们还要做什么呢？

生：确定先通知谁。

师：对了，还要明确通知的先后顺序，这样这个方案才算是完善的。感谢大家为老师设计了一个高效的打电话的方案。

设计意图：让学生通过动手操作、画图、模拟等方式，使学生通过合作探究，亲身经历寻找最优方案的全过程，发现事物隐含的规律，并尝试用数学的语言表达，初步建构倍增模型。

（三）运用模型、拓展延伸

师：按照无空闲通知的方式继续通知，第5分钟最多可以通知多少人呢？第6分钟呢？如果继续通知下去，如果合唱团有50人，最少花多长时间通知？你是怎么想的？

学生运用规律计算。

表9-3-2

时间	1	2	3	4	5	6
知道消息的人数	2	4	8	16	32	64

师：在解决简单问题时认真思考，总结出规律，那么我们遇到稍复杂的问题时，就可以学以致用，轻松地解决复杂的问题，这是一种学习的好办法。我们继续通知。

表9-3-3

时间（分）	知道消息的人数
1	2
2	4
3	8
4	16
5	32
6	64
7	128

续 表

时间（分）	知道消息的人数
8	256
9	512
10	1024
11	2048
12	4096
13	8192
14	16384
15	32768

师：第15分钟通知到的人数将达到（32768）人，看到这个数据你有什么感受？

生：数量增长得太快了。

小结：这种数据增长的方法在数学上称为几何级数增长。

设计意图：运用发现的模型解决问题，让学生感受模型能够帮助快速解决问题，并进一步巩固几何级数增长模型。

（四）感受模型魅力、渗透文化

播放视频：在印度有一个古老的传说：舍罕王打算奖赏国际象棋的发明人——宰相西萨班达依尔。国王问他想要什么。他对国王说："陛下，请您在这张棋盘的第1个格子，赏给我1粒麦子，在第2个小格子里给2粒，第3小格里给4粒，以后每一小格都比前一小格多1倍。请您将这样摆满棋盘上所有64格的麦粒，都赏给您的仆人吧！"国王觉得这个要求太容易满足了，就命令给他这些麦粒。当人们把一袋一袋麦子搬来开始数时，国王才发现：就是把全印度甚至全世界的麦粒都拿来，也满足不了那位宰相的要求。那么，宰相要求得到的麦粒到底有多少呢？

设计意图：再次让学生感受到倍增模型的神奇魅力，感悟智慧是在掌握丰富的知识前提下生成的，促进学生模型意识和应用意识的初步建立和发展。

（五）谈收获

师：你设计的方案可行吗？设计方案有什么好处呢？小组合作的过程中你哪些方面表现得特别突出？

课件出示：

（六）全课总结

生活中许多看似很复杂、很费时间的事情，利用数学知识去合理地安排，不仅会使事情进行得有条不紊，还能够节省出宝贵的时间。希望同学们把今天学到的知识用到生活中，做一个有计划、讲效率的人。

设计意图：通过自我评价、生生交流、师生交流，引导学生回顾并梳理学习的方法及反思自己学习过程的得与失，使学生进一步感受数学模型的魅力以及数学的神奇。

（七）板书设计

打电话

	无空闲通知	分组通知	逐一通知
通知3人：	2分钟		3分钟
通知15人：	4分钟	6~7分钟	15分钟

时间（分）	知道消息的人数
1	2
2	4
3	8
4	16
5	32
6	64
7	128
8	256
9	512
10	1024
11	2048
12	4096
13	8192
14	16384
15	32768

【课后思考】

模型意识的培养和建模方法的指导要根据具体的内容和年级有不同层次的要求，低年级要结合日常教学对学生进行模型意识的渗透，高年级可以明确引导学生关注用数学语言表达规律，关注数学模型的存在，培养学生初步的建模能力，发展模型意识。

（一）在碰撞交流中，感悟优化思想

本节课，教师把主动权交给学生，提出问题之后，给学生充分的时间进行独立思考、画图、交流，鼓励学生从多种角度思考解决问题的策略。在反馈交流的过程中，让学生在互动中充分展示自己的想法，学生畅所欲言，想说就说，有争有辩，大胆地运用语言、符号、图示等不同形式表征自己的思考过程。教师在旁以适当时机引导学生在交流的过程中不断优化设计方案，逐步感悟优化思想。整个学习过程，全体学生参与研究与实践，在愉悦的环境中探索知识，充分体现活动性、自主性、参与性，让不同层次的学生在活动中得到不同的发展。

（二）在问题解决中，建构模型思想

数学本质上就是在不断抽象、概括、建模的过程中发展和丰富起来的，数学的学习只有深入到"模型"的意义上，才是一种真正深入的学习。数学模型思想是一种极为重要的数学思想方法，它对于学生学习和处理数学问题有着极其重要的影响，它可以帮助学生体会数学的作用，产生学习数学的兴趣。因此，建构和掌握数学模型化方法，是培养学生创新精神、实践能力的一种有效途径。本节课引导学生从解决简单问题入手，使学生建构数据倍增的数学模型，感受数学模型的神奇魅力，并运用模型解决数学问题，这个过程设计自然、流畅，学生能在这一过程中充分感受到数学模型的魅力，初步形成模型意识，调动起今后继续探究的热情，提高应用意识。

第 十 章

应用意识

应用意识主要是指有意识地利用数学的概念、原理和方法解释现实世界中的现象与规律，解决现实世界中的问题。能够感悟现实生活中蕴含着大量的与数量和图形有关的问题，可以用数学的方法予以解决；初步了解数学作为一种通用的科学语言在其他学科中的应用，通过跨学科主题学习建立不同学科之间的联系。应用意识有助于用学过的知识和方法解决简单的实际问题，养成理论联系实际的习惯，发展实践能力。

——《义务教育数学课程标准（2022 年版）》

第一节　应用意识概述

一、课程标准对应用意识的表述

数学学习的最终目的在于应用。正如姜伯驹教授所言："数学已从幕后走到台前，直接为社会创造价值。"应用意识的培养，是课程改革的重要目标，也是时代发展对数学教育的必然要求。

《全日制义务教育数学课程标准（实验稿）》将"应用意识"作为数学课程的六大核心概念之一，在学习内容中对"应用意识"的主要表现进行了描述："认识到现实生活中蕴含着大量的数学信息，数学在现实世界中有着广泛的应用。面对实际问题时，能主动尝试着从数学的角度运用所学知识和方法寻求解决问题的策略；面对新的数学知识时能主动地寻找其实际背景，并探索其应用价值。"[①]

《义务教育数学课程标准（2011年版）》仍将"应用意识"作为数学十大核心概念之一。《义务教育数学课程标准（2011年版）》对应用意识含义表述为：应用意识有两个方面的含义，一方面有意识利用数学的概念、原理和方法解释现实世界中的现象，解决现实世界中的问题；

[①] 教育部. 全日制义务教育数学课程标准（实验稿）［M］. 北京：北京师范大学出版社，2001：7.

另一方面，认识到现实生活中蕴含着大量与数量和图形有关的问题，这些问题可以抽象成数学问题，用数学的方法予以解决。在整个数学教育的过程中都应该培养学生的应用意识，综合实践活动是培养应用意识很好的载体。[①]

《义务教育数学课程标准（2022年版）》对"应用意识"的内涵及表现作了进一步的描述："应用意识主要是指有意识地利用数学的概念、原理和方法解释现实世界中的现象与规律，解决现实世界中的问题。能够感悟现实生活中蕴含着大量的与数量和图形有关的问题，可以用数学的方法予以解决；初步了解数学作为一种通用的科学语言在其他学科中的应用，通过跨学科主题学习建立不同学科之间的联系。应用意识有助于用学过的知识和方法解决简单的实际问题，养成理论联系实际的习惯，发展实践能力。"[②]

从课标的表述中，可以看出学生是否具有应用意识，可以从两个方面来判断，其一是面对数学知识能主动寻求实际背景，探求数学知识的实际价值；其二是遇到生活问题能主动联系数学知识，尝试从数学角度思考问题，解决问题。数学应用意识的养成贯穿数学学习的全过程，课标在学业要求中对数学应用意识的目标进行了较明晰的表述，并提出了可操作性强的教学建议（表10-1-1）。

---

① 教育部. 义务教育数学课程标准（2011年版）［M］. 北京：北京师范大学出版社，2012：5.

② 教育部. 义务教育数学课程标准（2022年版）［M］. 北京：北京师范大学出版社，2022：10.

表10-1-1

学段	学习领域	学业要求
第一学段 （1~2年级）	数与代数	能在解决问题的过程中，体会解决问题的道理，解释计算结果的实际意义，感悟数学与现实世界的关联，形成初步的应用意识
	综合与实践	主题活动：数学连环画：能简单整理学过的数学知识，思考如何运用数学知识记录自己的经历；能结合生活经验或者通过查阅资料，编写含有数学知识的小故事；能用自己的语言表达数学连环画中数学知识的意义及蕴含的数量关系，能理解他人数学连环画中的数学信息及关系，学会数学化的表达与交流
第二学段 （3~4年级）	数与代数	能在简单的实际情境中，运用四则混合运算解决问题，能选择合适的单位通过估算解决实际问题，形成初步的应用意识 能在真实情境中，发现常见数量关系，感悟利用常见数量关系解决问题；能借助计算器进行计算，并解释计算结果的实际意义，形成初步的应用意识
	统计与概率	用平均数解决有关的简单实际问题，形成初步的应用意识
	综合与实践	主题活动：年、月、日的秘密：知道24时计时法与钟表上刻度的关系，能用24时计时法表示时间；知道年、月、日之间的关系，以及相关的简单历法知识；知道一年四季的重要性，了解中国古代是如何通过土圭之法确定一年四季，培养家国情怀
第三学段 （5~6年级）	数与代数	能在具体情境中判断两个量的比，会计算比值，理解比值相同的量，能解决按比例分配的简单问题 能解决较复杂的真实问题，形成应用意识，提高解决问题的能力
	图形与几何	会计算平行四边形、三角形、梯形的面积，能用相应公式解决实际问题 会计算圆的周长和面积，能用相应的公式解决简单实际问题

续 表

学段	学习领域	学业要求
第三学段 （5~6年级）	图形与几何	能用长方体、正方体、圆柱、圆锥的相应公式解决简单的实际问题，形成初步的应用意识 对给定的简单图形，能用平移、旋转对称轴的方法，在方格纸上设计图案，能说出设计图案与简单图形的关系
	统计与概率	能在真实情境中理解百分数的统计意义，解决与百分数有关的简单问题。能在认识及应用统计图表和百分数的过程中，形成数据意识，发展应用意识 对于现实生活中的一些简单问题，能根据数据提供的信息，判断随机现象发生的可能性
	综合与实践	主题活动：体育中的数学：能结合自己的兴趣，确定所要研究的关于体育的内容与范围；会查找相关资料，提出有价值的数学问题；在教师指导下，能与他人交流合作，运用数学或其他学科的知识解决问题；能积极参与小组间的交流，说明自己小组的问题解决过程，理解其他小组所解决的问题和问题的解决思路；感悟数学在体育中的作用，提高学习数学的兴趣 项目学习：营养午餐：在对人体营养需求和食物营养物质的调查研究中，进一步理解百分数的意义；会用扇形统计图整理调查结果，分析如何实现营养均衡；经历一周营养午餐食谱的设计过程，感悟在实际情境中方案的形成过程；行程单重视调查研究、合理设计规划的科学态度 项目学习：水是生命之源：能合作设计生活中用水情况的调查方案，并展开调查，在调查中进一步优化方案；会查找与淡水资源相关的资料，从资料和实地走访中筛选需要的信息，提出问题，确定解决问题的思路，提高应用意识

二、应用意识的主要特征

应用意识主要是指"有意识地利用数学的概念、原理和方法解释现实世界中的现象与规律，解决现实世界中的问题"。从课程标准对应用意识的描述中可以看出，应用意识是指学生能够学有用的数学，感觉数学有用，能创造性地用数学。应用意识具有主动性、实践性和创造性的特征。

（一）主动性

能有意识地主动"用"，是学生形成应用意识的标志之一。主动性是数学应用意识的重要特征，该特征是指学生在面对实际问题时，能够主动地从数学的角度思考问题，从"数学知识"到"问题解决"，学生的主动性起着关键的作用。

（二）实践性

学生面对问题能调动已有的数学概念、原理和方法解释现实世界中的现象，解决实际问题。学生能够感受到所学的数学知识来源于生活，并能帮助自己更好地解释生活中的现象，学生在实践应用中感受到数学知识在实际生活中的价值，学生的学习兴趣就会更浓厚。

（三）创造性

应用是创造的前提，创造性是指学生在面对"新"问题时，能够主动寻找已有的知识、经验，运用多学科知识解决问题，问题解决的过程具有自己的独创性。

第二节　应用意识教学策略

要注重在数学和现实的双向联系中培养学生的应用意识，使学生逐步形成"用数学的眼光看现实，现实问题数学化"的意识和习惯。

一、联系真实背景，激发应用意识

数学来源于生活，又服务于生活。数学的学习要紧密联系学生的生活实际，让学生在学习数学概念、规律的同时，感受数学的实际背景，不仅能加深学生对知识的理解，更有助于帮助学生建构数学知识和生活实际的紧密联系，激发学生的应用意识。

在学生学习"数字编码"，了解了身份证的编码规律后，要引导学生联系生活，寻找生活中用数字或者字母编码的例子，如学号编码、车牌编码、房门编码等，通过对编码规则的分析，感受为什么要编码，编码在生活中的广泛应用。结合生活实际，运用规则尝试编码，激发应用热情，感受数学的应用价值。

二、经历问题解决全过程，提升应用能力

爱因斯坦曾说："提出一个问题往往比解决一个问题重要。"引导学生留心观察生活，发现并提出问题是提升学生应用意识的关键因素。学

生在学习过程中，如果能常常有机会经历从问题提出到问题解决完整的过程，对提高学生的问题解决能力有极大帮助，有助于提升学生应用意识。

例如，教学"滴水实验"时，要引导学生经历问题提出—拟定方案—实施方案—得出结论—解决问题的全过程。教师可展示水龙头滴水这一生活现象，引导学生提出数学问题：按照这样的滴水速度，一个水龙头一个小时会流失多少水？问题提出后，学生经历商议并拟定问题解决的方案、实验实施方案、最后得出结论的全过程，在交流讨论中感受节约水资源的紧迫性和必要性，提升应用意识。

三、跨学科应用，提升应用意识

《义务教育数学课程标准（2022年版）》在课程内容中明确提出："综合与实践以培养学生综合运用所学知识和方法解决实际问题的能力为目标，根据不同学段学生的特点，以跨学科主题学习为主，适当采用主题式学习和项目式学习的方式，设计情境真实、较为复杂的问题，引导学生综合运用数学学科和跨学科的知识与方法解决问题。"[1]学生在面对现实的问题情境，从数学的角度出发，跨越学科的限制，综合运用多学科知识解决问题中，提升应用意识，形成和发展核心素养。

例如，在主题活动"体育中的数学"的学习中，可以引导学生结合体育与健康课程学习内容，收集自己感兴趣的一项体育技术、比赛规则或者关于体育的社会现象，提出数学问题，自己设计问题解决的方案，使学生在问题解决的过程中形成发现问题、提出问题、分析问题和解决问题的能力，提升应用意识和创新能力。

---

① 教育部.义务教育数学课程标准（2022年版）［M］.北京：北京师范大学出版
　社，2022：16.

第三节　应用意识教学案例

解决实际问题　发展应用意识

——"包装的学问"教学实践与思考

版本：北师大版

年级：五年级

领域：综合与实践（"数学好玩"）

核心素养：应用意识

【学习内容】

北师大版数学五年级下册80~81页。

【背景与学情分析】

综合与实践是小学数学学习的重要领域。学生在综合与实践的学习中，将经历在实际情境中运用数学和其他学科的知识与方法，经历发现问题、提出问题、分析问题、解决问题的全过程。在解决问题的过程中感受数学的应用价值，积累活动经验，感悟思想方法，形成和发展核心素养。通过综合与实践的学习加深对"数与代数""空间与图形""统计与概率"内容的理解,体会各部分知识之间的联系,发展解决问题的能力。

"包装的学问"是学生在学习了求长方体和正方体表面积的基础上学习的,教材以主题图的形式呈现2盒糖果,从包装2盒糖果,4盒相同的磁带探究新知,从而逐渐完善最节约包装纸的包装方案,以使学生感受数学知识在解决生活问题中的实际价值,发展学生的应用意识。教学中,引导学生多角度思考最优方案,即不仅要考虑重合最大的面,还要考虑重合最多的面才能减少最多的面积,观察拼出的长方体的长、宽、高,通过分析、比较,明确长、宽、高最接近,表面积最小,才最节约包装纸。问题环环相扣、层层递进,学生经历探究多种方案进行包装的过程,通过分析、比较,从优化的角度寻找最佳方案,通过将所有的可能性一一列举,分析比较,感受不同面的重合所得到的表面积的大小不同。通过计算,明确长方体的长、宽、高越接近,表面积就越小。可以引导学生想象,当长方体的长、宽、高无限接近,就变成了正方体,而体积相同的情况下,正方体的表面积比长方体小,这一过程,学生将感悟极限思想的魅力。

五年级学生已具备包装的生活经验,但却很少从数学的角度对包装问题予以关注。"包装的学问"是在学生掌握了长方体特征及表面积计算方法等知识的基础上,探索多个相同长方体叠放后使其表面积最小的最优策略,渗透数学的优化思想,提升应用意识的数学教学内容。小学数学应用意识的培养贯穿小学学生的整个学习的过程。低年级重在感悟、体验,中高年级重在经历、形成。

本节课的教学设计,力求让学生在设计方案、比较、运用、反思中参与研究,在掌握知识技能的同时,感悟优化思想,进一步体会数学与生活的密切联系，提升应用意识。

【学习目标】

1. 经历探究问题的过程，体验解决问题的基本过程和方法，提升应用意识。

2. 探索多个相同长方体叠放后使其表面积最小的优化策略，渗透优化思想。

3. 渗透节约意识，体会数学与生活的联系，提高数学学习兴趣。

【学习准备】

PPT演示文稿、探究卡及用于展示的长方体软磁铁教具

【学习活动】

（一）谈话导入，唤醒经验

图10-3-1

谈话引入：孩子们，你们平时在生活中接触过包装吗？

学生结合生活经验交流。

明确：看来，包装在我们的生活中随处可见。今天这节课，我们就

一起来研究"包装的学问"。

设计意图：利用生活经验，引发探究的欲望，唤醒学生已有的生活经验，建构数学与生活问题的内在联系。

（二）合作探究，感悟思想

活动一：包装一盒牛奶——初探包装问题

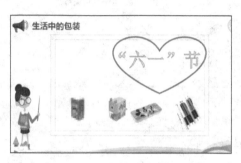

图10-3-2

问题一：如果老师要把一盒牛奶包装起来，想知道要包装一盒牛奶，至少需要多大面积的包装材料？（接头处不计）解决这个问题实际上是求什么？

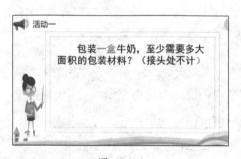

图10-3-3

引导学生明确：求包装一盒牛奶需要的包装材料，其实是求牛奶盒的表面积。

设计意图：开门见山，引导学生将生活中的包装问题转化成数学中的求长方体的表面积的问题。

活动二：包装两盒牛奶——初步感受优化策略

图10-3-4

（1）明确问题。

问题一：如果老师要将两盒牛奶拼成一个长方体进行包装，怎样包装才能节约包装的材料呢？

问题二：老师给每位小朋友准备了一盒牛奶，现在大家手里都只有一盒牛奶，但要研究两盒牛奶的包装问题，怎么办？

明确：研究两盒牛奶的包装问题，可以采用同桌合作的方式。

设计意图：本环节主要让学生感受到，合作不是老师的要求，而是基于实际的需要，引导学生资源共享，培养合作意识。

（2）合作研究。

问题一：谁来说一说你打算怎么研究这个问题？

引导学生自己厘清研究的思路。

板书：摆——选——议

学生开展合作研究，教师巡视指导。

（3）汇报交流。

明确要求：认真倾听同学的发言，有不同看法的可以提出来。

提示：为了便于交流，我们可以把较大的面称为大面，中等大的称为中面，最小的称为小面。

学生汇报大体上将提出以下三种方案：一是小面重叠，二是大面重叠，三是中面重叠。

学生汇报时引导生生之间的互动、交流与评价。

汇报结论：两个大面重叠起来最节省包装材料。

引导明确：无需计算，通过比较重叠部分的面积，就能够确定最节约材料的包装方案。

板书：重合的面积越大，所拼得长方体的表面积越小。

设计意图：这是本节课研究的重点，包括两个层次，一是研究包装方法的多样化，二是探究节约包装纸的优化策略，使学生初步意识到：重叠的面积越大，包装的面积越小，越节约包装纸。通过摆一摆、议一议，使每个学生都经历解决问题过程的有效途径，渗透优化思想，培养应用意识。

活动三：包装三盒牛奶——初步运用优化策略

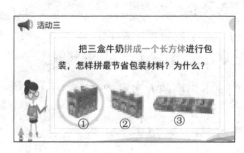

图10-3-5

（1）明确问题。

师：如果要把三盒牛奶拼成一个长方体，哪种拼法最节省材料？为什么？先自己想一想，再和同桌说说你的想法。

（2）汇报交流。

师：你是怎么想的？

生：把大面重叠起来，这样节省包装材料。

明确：从节约的角度考虑，用上了我们刚才发现的大面重叠的策略。

设计意图：学以致用是学生学习热情不断持续的重要环节，这一环节主要是运用已经发现的优化策略来解决三盒牛奶的包装问题，进一步感悟包装中的优化思想，发展应用意识。

活动四：包装四盒牛奶——灵活运用优化策略

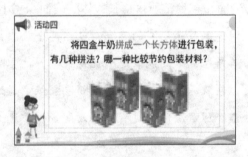

图10-3-6

（1）明确问题与要求。

问题：如果将四盒牛奶拼成一个长方体进行包装，有几种拼法？怎样包装比较节约包装材料？请四人小组合作研究。

明确要求：四盒牛奶摆的方案可能会多一些，老师建议大家，边摆边画个草图把你找到的方案记录下来。

（2）四人合作探究。

学生合作，教师巡视寻找不同的包装方案。

（3）比较方案，计算验证。

①汇报交流。

结合已有的学习经验，学生大体上将会提出六种包装的方案，并从

210

中选择出一种最节省材料的方案。

引导：为了方便交流，给这六种方案标上序号。

方案一：全部大面重叠

生1：我们小组找到六种包装的方法。我们认为把大面重叠起来的方法最节省包装的材料，因为减少了6个大面。

方案二：4个大面，4个中面重叠

生2：不同意，我们组认为左边三个，右边三个更节约材料，因为少了4个大面，4个中面，少8个面。

设计意图：这是一个由于知识的迁移而产生的矛盾冲突环节，根据前面已有的经验，大面重叠这一优化的包装策略已经初步建构，但是，两个中面拼接而产生的"新"的大面是大部分学生思维的盲区，在这一环节设置矛盾冲突，让学生在沟通交流中进一步体会到"大面重叠"的优化策略中要关注"大面"的产生和变化。

②计算验证。

引导学生提出：当无法观察得到结果时，我们还可以用数据来说话。

明确要求：选一个你认为较节省的方案，在练习本上计算它的包装面积。

学生独立计算，投影展示：

方法一：用4个长方体的表面积—重叠部分的面积=包装的面积。

方法二：算出组合后的长方体的表面积。

比较：明确方案二最节省材料。

设计意图：当用观察法无法肯定地得到问题的答案时，用数据来说话是很好的解决问题的途径，本环节让学生感悟到用数据说话的价值，培养学生严谨的思维习惯。

③质疑思考。

为什么直接把大面重叠的方案是最节省材料的？难道我们的策略有误？还是我们忽略了什么细节？

生1：在重叠的过程中，两个中面加起来重叠起来，有时会产生更大的面。

师：看来学习过程中的错误是非常有价值的，这个错误给了我们什么启发？

生2：要关注变化，要具体问题具体分析。

明确：学习中需要不断地从错误中修正自己的思路，以获得更多收获。

（3）变更材料，灵活运用。

变式问题：如果老师要包装的是这四本笔记本呢？你会怎样包装？为什么？

生：直接把大面重叠起来。

追问：同样是包装四样物品，有时候选用方案一，有时候选用方案二，为什么？

明确：解决问题时，要关注细节，具体问题具体分析，全面地考虑问题，灵活地使用策略。

设计意图：变式练习是培养学生灵活运用知识解决问题能力的关键，本环节通过包装4本笔记本的问题，让学生感受具体问题具体分析、全面考虑问题的重要性，培养学生综合运用知识解决实际问题的灵活性，提高学生思考问题的严谨性。

活动五：观察数据——渗透优化思想

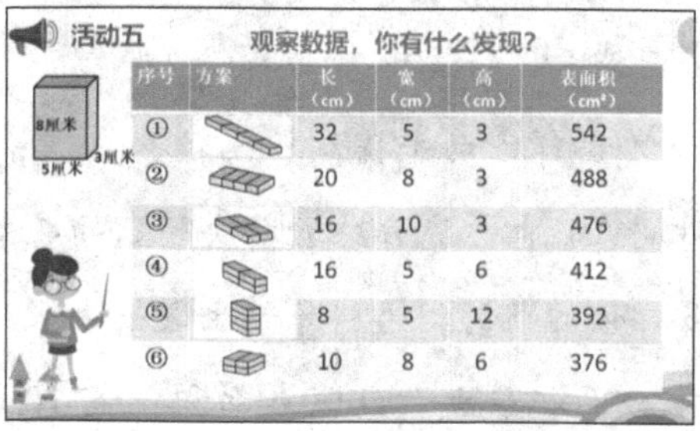

图10-3-7

思考：孩子们，老师在课前认真琢磨了这六种包装的情况，并计算出了它们的表面积，如果从每个方案的长、宽、高长度关系的角度来研究包装的面积，你有什么发现？

引导学生观察数据，交流。

结论：拼成的长方体长宽高越接近，拼成的长方体的表面积越小。

（三）回归生活，灵活运用

问题一：超市里的物品是这样包装的，为什么？

包装的现象（一）

超市里四盒牛奶通常是这样包装的，为什么？

图10-3-8

问题二：老师在超市里拍到的货架上的商品的包装情况，有的商品没有像我们刚才研究的那样使用大面重叠的策略，为什么？

生：要让人看到商标，吸引顾客。

引导学生明确：生活中，从不同的角度去思考问题，会采用不同的策略来解决问题。

设计意图：让学生自己动手摆放、比较、交流，给予学生自主思考、自主探究的时间，让学生充分体验解决问题的基本过程和方法。学生体验解决策略多样化的同时，再引导学生进一步探究最优策略，通过探究最后得出：重合面积最大，包装表面积就最小，从而最节约包装纸。在操作过程中，引导学生仔细观察，并指导学生在动手操作中伴以思维和语言的表达，对那些思维敏捷的学生，鼓励他们创新。

（四）感悟学法，提炼思想

1. 感悟学法"明"思想

问题：孩子们，我们回头看看，今天我们是从什么角度来研究包装的问题？从中你有没有感受到藏在其中的学问？我们是怎么发现隐藏在包装中的学问？

揭示思想：同学们在今天的学习中感受到的这种以最少的投入，获得最大的回报的思想，其实是一个很重要的数学思想，就是优化思想。优化思想就是在有限种或无限种可行方案中挑选最优的方案的思想。我们通过观察生活中的现象，从中发现并提出问题、大胆猜测、细心求证，不但发现了解决问题的策略，还找到了最优的方案来解决问题，为你们点赞。

设计意图：这一环节，让学生回头梳理本节课学习的内容，回顾学习的过程，感悟猜想、讨论、验证等解决问题的基本过程和方法。并在这一过程中感悟数学优化思想在解决问题中的运用。通过多元化的评价、自我反思，引导学生互相学习，养成良好的学习习惯。

2. 拓展延伸"善"运用

播放视频："精美的浪费"，引导学生感受过度包装浪费资源。

小结：适度包装可以表情达意，过度包装会造成资源浪费。我们今天只是从节约的角度来研究包装的学问，其实包装中的学问还有很多。比如，要考虑包装材料是否环保，包装的设计是否美观，等等。更多包装的学问等着同学们去探索，非常高兴和大家一起度过研究"包装的学问"的快乐时光。

（五）板书设计

包装的学问：

重合的面积越大，所拼得长方体的表面积越小。

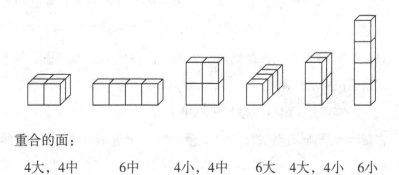

重合的面：

4大，4中　　　　6中　　　4小，4中　　　6大　4大，4小　6小

【课后思考】

核心素养无法"传授"，只能依靠学生在获取知识的同时在数学活动中体验、在交流中感悟。让学生真正成为课堂的主人，通过层层深入的探究，以活动促感悟、以交流促感悟、以反思促感悟。本节课的教学力求把课堂还给学生，使学生真正成为课堂的主人。充分调动学生参与学习的积极性，渗透数学思想，提升学生的核心素养。

（一）在层层深入的活动中感受数学的应用价值

本节课通过层层深入的一系列包装的问题，给学生充分的时间进行独立思考、操作、交流，鼓励学生从多种角度思考解决问题的策略，在过程中感悟数学思想，感受数学知识在日常生活中的广泛运用。在新授探究环节，设计了五个探究活动：活动一，包装一盒牛奶——生活问题到数学问题；活动二，包装两盒牛奶——初步感受优化策略；活动三，包装三盒牛奶——初步优化运用策略；活动四，包装四盒牛奶——灵活运用优化策略；活动五，观察数据——渗透优化思想。对于两盒牛奶的包装方法，在学生思考的前提下，操作和观察的方式来解决问题；对于三盒磁带的包装，以同桌两个同学交流的方式进行；对于难度最大的四盒相同长方体的包装，引导学生以四人小组合作的方式开展探究活动，在活动中学生不仅要摆放出包装方案，还要对这些包装方案进行归纳整理，有序思考从而找到最优策略，渗透优化思想，感受数学知识在问题解决中的作用。

（二）在碰撞交流中感悟优化思想

在每一个反馈交流的过程中，给予学生充分展示自己想法的时间，学生畅所欲言，有争有辩，大胆地运用数学语言、符号、图示等不同形式表征自己的思考过程。教师在适当时机引导学生在交流的过程中不断"优化"自己的包装方案，逐步感悟优化思想。整个学习过程，全体学生参与研究与实践，在愉悦的环境中探索知识，充分体现活动课的"活动性、自主性、参与性"，让不同层次的学生在活动中得到不同的发展。

（三）在回顾反思中提升核心素养

核心素养的形成和发展，来自教师平时对学生有意识地训练和渗透，还来自学生自身的反思与感悟。因此，在数学教学的过程中，教师不仅要关注问题解决的过程，更应当引导学生学会交流与反思，使学生在反思中提炼数学思想，感悟数学知识的意义与价值，有意识地用数学的语言表达和交流，用数据去分析和解释生活现象，形成应用意识和实践能力。

本节课的教学设计围绕提升学生"应用意识"的学习目标，让学生经历问题解决的过程，从而使学生习得方法，感悟思想，感受价值。

第十一章

创新意识

创新意识主要是指主动尝试从日常生活、自然现象或科学情境中发现和提出有意义的数学问题。初步学会通过具体的实例，运用归纳和类比发现数学关系与规律，提出数学命题与猜想，并加以验证；勇于探索一些开放性的、非常规的实际问题与数学问题。创新意识有助于形成独立思考、敢于质疑的科学态度与理性精神。

——《义务教育数学课程标准（2022年版）》

第一节　创新意识概述

一、课程标准对创新意识的表述

创新意识是指人们根据社会、个体生活、发展等的需要，引起创造前所未有的事物、观念等的动机，并在创造活动中表现出积极主动的意愿、愿望和设想。在科学技术飞速发展的时代，教育必须注重创新意识和能力的培养，才能适应社会对创新型人才的需求。

2001年颁布的《全日制义务教育数学课程标准（实验稿）》在课程总体目标中明确提出："通过义务教育阶段的数学学习，学生能够具有初步的创新精神和实践能力。在情感态度和一般能力方面得到充分发展。""形成解决问题的一些基本策略，体验解决问题策略的多样性，发展实践能力和创新精神。"①

《义务教育数学课程标准（2011年版）》将"创新意识"列为十大核心概念之一，并明确指出：创新意识的培养应该从义务教育阶段做

---

① 教育部. 全日制义务教育数学课程标准（实验稿）［M］. 北京：北京师范大学出版社，2001：7.

起，贯穿数学教育的始终。①《义务教育数学课程标准（2011年版）》在课程内容中对"创新意识"的内涵进行了描述："创新意识的培养是现代数学教育的基本任务，应体现在数学教与学的过程之中。学生自己发现和提出问题是创新的基础；独立思考、学会思考是创新的核心；归纳概括得到猜想和规律，并加以验证，是创新的重要方法。"②

《义务教育数学课程标准（2022年版）》仍然将"创新意识"列为核心概念之一，并对"创新意识"的内涵和表现作了进一步的阐述："创新意识主要是指主动尝试从日常生活、自然现象或科学情境中发现和提出有意义的数学问题。初步学会通过具体的实例，运用归纳和类比发现数学关系与规律，提出数学命题与猜想，并加以验证；勇于探索一些开放性的、非常规的实际问题与数学问题。创新意识有助于形成独立思考、敢于质疑的科学态度与理性精神。"③创新意识是培养创造精神和创造能力的前提，所以小学教学中应特别重视培养学生的创新意识。

二、创新意识的主要表现

"初步学会通过具体的实例，运用归纳和类比发现数学关系与规律，提出数学命题与猜想，并加以验证；勇于探索一些开放性的、非

---

① 教育部. 义务教育数学课程标准（2011年版）［M］. 北京：北京师范大学出版社，2012：5.

② 教育部. 义务教育数学课程标准（2011年版）［M］. 北京：北京师范大学出版社，2012：5.

③ 教育部. 义务教育数学课程标准（2022年版）［M］. 北京：北京师范大学出版社，2022：7.

常规的实际问题与数学问题。"[1]《义务教育数学课程课标（2022年版）》凝练了关于"创新意识"的主要表现。简而言之，创新意识主要表现在：有问题，敢猜想，勇探索。

（一）有问题

"有问题"就是培养学生的问题意识。创新始于"问题"，创新是知识整合、再发现的过程。学生在日常生活和学习的过程中善于发现问题、提出问题，教师在教学中也要有意识地教会学生正确的质疑方法，指导学生提问的方向，鼓励学生敢于质疑。发现和提出问题是思考的前提，也是创新意识的前提。

（二）敢猜想

数学猜想是人们建立在已有的数学知识经验和思考基础上的一种合情推理，也是对数学知识进行创新活动的过程。[2]猜想是一种推理，教师要引导学生体会到，猜想不是无所依据地胡乱猜测，而是基于以往学过的知识的一种思考和推测。创设情境，让学生大胆猜想，猜想后引导学生针对问题进行分析和思考，验证自己的猜想是否合理，是否正确。勇敢猜测、积极验证是创新意识的重要体现。

（三）勇探索

《义务教育数学课程标准（2022年版）》指出：要让学生勇于探索一些开放性的、非常规的实际问题和数学问题。运用所学知识大胆探索，是创新意识的重要表现。设计实践活动，以"主题式""项目式"的形式，为学生创设应用所学知识探究"开放性"问题的机会，让学生

---

[1] 教育部. 义务教育数学课程标准（2022年版）[M]. 北京：北京师范大学出版社，2022：7.

[2] 赵光礼. 数学素养新思维 [M]. 北京：光明日报出版社，2012：53-54.

亲自探索、实践，引导学生根据自己的认知水平，设计问题解决的方案，在执行方案的过程中不断思考、调整，教师要捕捉学生探索结果的价值，让学生在探索的过程中获得良好的经验，感受知识在生活中的实际价值，激发学习热情，实现创新意识的形成。

第二节　创新意识教学策略

　　"创新意识的培养应该从义务教育阶段做起，贯穿数学教育的始终。"这就需要教师正确把握和理解创新意识的基本含义，努力更新教育观念，改进教育行为，树立创新意识，有目的、有计划地在教学活动中培养学生的创新意识。

一、激发学生的问题意识

　　教育家布鲁巴克指出："最精湛的教学水平要遵循最高的准则，这个准则就是学生自己提问。"善于质疑问难是积极思考的一种表现，更是培养创新意识的基础。教师在教学中应充分利用学生的好奇心和求知欲，创设情境引导学生发现并提出问题，培养学生质疑问难的习惯，教给学生一些提问的技巧，让学生敢问、想问、会问，提高学生思维品质，激发学生创新意识。

　　例如，在学习2、3、5倍数的特征之后，教师可以引导学生思考：我们学会了2、3、5倍数的特征，你还想知道什么？引导学生提出问题：其他数的倍数是不是也像2、3、5的倍数一样有规律呢？在学习了圆柱的体积之后，引导学生提出问题：如果底面不是圆形的，如果是三角形，它的体积是不是也是底面积×高呢？面对这样的问题，教师要给予学生充分的肯定，引导学生自己去探究，并给予机会让学生展示自己的思考成果，帮助学生养成良好的问题意识，激发学生的创新意识。

二、教会学生思考的方法

教育家弗莱登塔尔认为："学习数学的唯一正确的方法，是让学生进行再创造，也就是由学生本人把要学的数学知识自己去发现或创造出来，教师的任务是引导和帮助学生进行这种再创造，而不是把现成的知识灌输给学生。"

没有大胆的猜想，就没有伟大的发现，猜想、验证是科学发现最常用的方法之一。教学中，教师要常常带领学生经历"猜测—验证"的探究过程，在问题情境中引导学生提出大胆的猜想，并善于营造思考的氛围，教会学生用自己的方法去验证猜测。让学生在"猜想—验证"的过程中进行再创造，发展数学思维，培养创新意识。

例如，在学习"四边形内角和是多少度"时，引导学生从已知四边形长方形和正方形入手，提出猜测：四边形的内角和可能是360°。由于长方形和正方形是特殊的四边形，不能够代表全部四边形，所以，学生需要验证自己的猜测，学生通过列举不同类型的四边形，用折叠法、剪拼法、测量法等，想办法验证四边形的内角和是360°的猜想。这个"猜想—验证"的过程就是用已有的知识进行再创造的过程，这样的学习，既能促进学生推理思维的提升和完善，也能发展学生的创新意识。

三、引导学生勇于探索

人们带着问题，在强烈的创新意识的推动下，产生创新动机，树立创新目标，才能够充分地激发创新的潜力，释放出创新的激情。"综合与实践"是小学数学学习的重要领域，它需要学生综合运用多学科知识与方法，经历从问题的发现到问题的解决的探索过程，综合与实践是形成和发展创新意识和应用意识的重要领域。

例如，在"水是生命之源"的学习中。教师要引导学生积极参与调查，了解人们使用淡水的习惯和用量，在活动中独立思考问题，主动和小组的成员交流。学生经历素材的收集、调查、研究、解决问题的过程，能够根据调查到的信息制订解决问题的方案，在问题解决的过程中加深对水资源保护等社会问题的关注和理解，提高应用意识，培养创新意识。

在小学数学教学中培养学生创新意识是一项长期艰巨而又具有深远意义的工作，教育工作者应该深入探究可以促进学生创新意识发展的教学策略，才能够真正实现提高教育教学质量，培养学生创新意识的目标。

第三节　创新意识教学案例

经历探索全程　发展创新意识
——"滴水实验"教学实践与思考

版本：北师大版

年级：四年级

领域：综合与实践（"数学好玩"）

核心素养：创新意识、应用意识

【学习内容】

北师大版数学四年级上册88～90页。

【背景与学情分析】

我国是人均淡水资源贫乏的国家，但生活中有很多浪费淡水的现象。"滴水实验"以生活中常见的现象为背景素材，让学生通过收集现实数据，提出数学问题，合作解决问题，激发环保意识，促进学生养成节约用水的良好习惯。"滴水实验"教材内容围绕"提出问题—设计方

案—动手实验—反思交流—自我评价"这五个教学环节展开，滴水数据
能在课堂中完成，通过学生喜欢的动手操作的学习方法，使学生积极参
与到学习活动中来。学生已经积累了一定的解决问题的经验和策略，但
拟订合理可行的问题解决方案，能够按照方案开展活动并记录操作活动
的步骤、过程有一定的困难，需要教师的引导和评价。教师需要帮助学
生厘清思路，形成"从头到尾"的思考过程，引导学生运用已有的知识
和经验，寻找解决问题的策略，从而使学生的思路清晰，方法可行，在
解决问题的同时，发展应用意识，提高问题解决能力。

【学习目标】

1. 针对"滴水实验"任务，能够提出解决问题的思路，制订简单的
解决问题方案；并能根据方案，经历有目的、有设计、有合作的用实验
收集数据的过程，积累"从头到尾"思考问题的数学活动经验。

2. 在综合运用所学知识解决问题的过程中，渗透节约用水的意识，
增强应用意识和创新意识。

【学习准备】

水、纸杯、计算器、学习单

【学习过程】

（一）关注生活，提出问题
课件播放水龙头滴水。

根据看到的现象提
一个数学问题。

师：孩子们，你们看到什么？

板书：水龙头滴水。

师：看到这样的现象，你们有什么感觉？

生：太浪费了。

师：大家也有这种感觉吗？

生：是的。

师：老师也有同感。能根据你们看到的，提一个数学问题吗？

根据学生的提问板书：

一年会滴多少水？

一个月会滴多少水？

一天会滴多少水？

一小时会滴多少水？

一分钟会滴多少水？

师：同学们提的问题都很有研究的价值。

（二）确定研究方法和步骤

1.确定方法

师：怎样才能知道一个没有拧紧的水龙头一年会滴多少水呢？

生：试一试，做实验。

板书：实验。

师：动手试一试，做实验，这个办法好。是不是这个实验要做一年呢？

生：不用，接一分钟，再计算出一天的，一年的。

师：了不起，遇到个大问题，这位同学想到的解决问题的办法是：先测出一分钟能滴多少水。知道一分钟滴了多少水，就能算出一小时会滴多少水，一天滴多少水会算吗？乘以一年的天数就可以算出一年漏多少水了，是吗？此处应该有掌声。

板书：问题——一分钟能滴多少水。

师：知道从小处入手，先解决相关的小问题，大问题也就迎刃而解了。这种化难为易的思想在学习数学的过程中我们会常常使用。

设计意图：从生活中常见的现象入手，激发学生的探究兴趣。通过提出问题、交流问题、锁定问题，感悟从小处入手化难为易的数学思想。

2. 确定步骤

师：现在，在这个课室里，要做一分钟能滴多少水的这个实验。实验之前要做什么准备？你打算怎么做？

生1：找个会漏水的杯子，在下面接一分钟，写下来。

板书：①计时②倒水③记录。

生2：还要测量一分钟流出来的水有多少，再计算。

板书：④测量⑤计算。

师：同学一起开动脑筋想办法，刚才大家说的就是实验的方法和步骤。

板书：方法和步骤。

师：我们在实验过程中需要用的水、量杯等等，这些都是完成实验要准备的测量工具。

介绍量杯：计量水的体积单位虽然我们还没有学，但是我们在日常生活中经常见到，比如牛奶盒、饮料瓶、洗发水瓶子等。比较少的水的体积可以用字母"mL"表示，读作毫升。一会儿你们测量出一分钟能滴多少水，直接读出量杯的刻度上对应的数字加上单位毫升就可以了，由于1毫升的水刚好重1克，所以测量的结果可以用克来做单位。

我身上有刻度哦！看着刻度就知道我装了多少克水。

图11-3-1

师：实验之前，还有什么要注意的事项需要互相提醒的？

生：要看时间保证接的时间刚好是一分钟。

板书：计时。

生：要分好工。

板书：实验分工。

师：回顾一下同学们刚才说的，我们动手实验之前要确定哪些同学参加实验，准备好需要的用品，想清楚每一步做什么，怎么做。明白实验的方法和步骤，大家按照自己的擅长的项目分好工。这些都是保证实验成功的重要因素。为了更好地开展实验，我们通常会把这些要考虑的事项写下来，这就是实验方案。为了使方案更加清晰明了，我们可以把实验方案列成这样一个表格（表11-3-1）。

表11-3-1

实验名称	一分钟能滴多少水		
实验人员			
实验工具			
方法和步骤			
实验分工	组长： 计算：	记录员： 实验操作：	计时员：

设计意图：实验方案的拟订是难点，通过引导学生想清楚每一步要做什么，怎样做，带领学生经历实验方案各个要素产生的过程。

3. 填写、交流、完善实验方案

（1）填写实验方案。

师：请组长拿出课前老师为大家准备的实验方案表，组内讨论，由选定的记录员将你们的准备情况记录下来，时间是3分钟，大家要抓紧时间。

学生按要求填写实验方案，教师巡视。

（2）展示并完善实验方案。

选择一个组的实验方案展示。学生汇报步骤和方法以及分工。

师：同学们对他们组的实验方案有什么建议吗？

学生交流。

师：结合大家的意见，修改完善自己组的方案。

（三）开展实验

1. 明确要求，开展实验

师：孩子们，如果你觉得自己组的方案完善好了，可以实施了，请举手告诉我。实验之前，我们一起来看看实验的要求：

（1）组长领取本组的实验用品。

（2）计时员看钟面控制好实验时间。（秒针转动一周就是一分钟）

（3）实验后观察量杯上的数字，水位到哪个数字，就是多少克，把结果记录在实验报告中的实验数据中。

（4）用计算器算出一时、一天、一年滴多少水，并填写在实验报告中。

实验数据	一分钟滴水_____（　　　）
计算过程与讨论	计算 一时：_____=_____（　　　） 一天：_____=_____（　　　） 一年：_____=_____（　　　） 我们的想法：

图11-3-2

师：都明白了的话，请组长到前面来领取本组的实验用品。计时员请起立，准备好了请向我点头示意。好，开始。

学生开展实验，教师巡视。

2. 汇报实验结果

表11-3-2

实验数据	一分钟滴水_____（　　　）
计算过程与讨论	计算 一时：_____=_____（　　　） 一天：_____=_____（　　　） 一年：_____=_____（　　　） 我们的想法：

师：哪个小组的同学来汇报一下本组的实验结果。请到前面来。

师：孩子们，为什么各个小组实验的结果不太相同。你发现什么？为什么会这样？

明确：实验水滴速度的快慢不同导致的差距，尽管有些差距，但差距应该在一个合理的范围内。

（四）直观感受数据

师：通过计算，我们知道一个没有拧紧的水龙头一小时大约滴水1500毫升，请看，就是这样一瓶水。成年人一天大约需要喝1500毫升也就是1500克的水，也就是一个小时的滴水量就够一个人一天的饮用了。

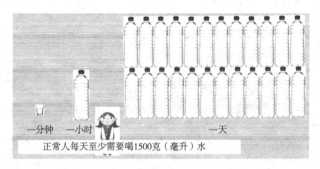

正常人每天至少需要喝1500克（毫升）水

图11-3-3

师：那么一天的滴水量就够一个人喝多少天？（24天，将近一个月了）

师：那么一个月的滴水量呢？请看下图。

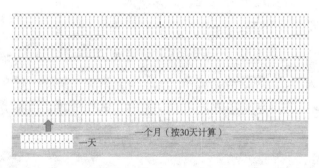

图11-3-4

师：一年呢？你有什么感受？

生：一滴一滴地漏水，时间长了，也会浪费很多水。

生：洗完手要关紧水龙头。

小结：一个简单的实验，竟然让我们发现，一个小小的没有拧紧的水龙头背后竟然藏着这么巨大的浪费，真是不算不知道啊！看来遇到问题，通过实验，用数据来说话可真是一个可靠而直观的办法。

设计意图：引导学生运用已有的知识和经验，思路清晰地解决问题，在解决问题的同时，发展学生应用意识，渗透节水教育，提高学生问题解决能力。

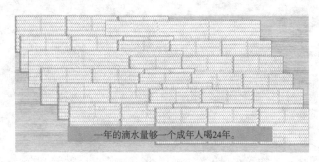

一年的滴水量够一个成年人喝24年。

图11-3-5

（五）回顾梳理学习过程，自我评价

师：我们一起回头看一看我们这节课的学习过程，我们观察到生活中的水龙头滴水的现象，从数学的角度提出了问题，把大问题转化成小问题来解决。通过预先设计方案，我们认真完成了实验，顺利地解决了问题。我们以后要是遇到了类似的问题，也可以采用我们今天学习的办法来解决。

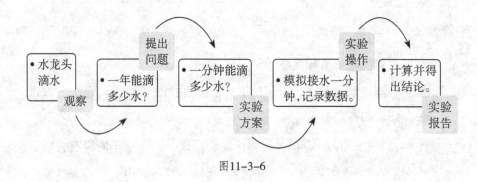

图11-3-6

设计意图：引导学生厘清思路，再次感受"从头到尾"的思考过程，掌握问题解决的流程，提高问题解决能力，发展创新意识。

（六）读一读，想一想

课件出示干旱的图片和报道。

师：看了上面的资料，你有什么感受。

生谈感受。

师：今天这节课给你印象最深的是什么？你还想研究什么？和你的组员说一说。

（七）总结拓展

全课总结：历史上很多发明家也是经历类似的研究过程才完成了发明和创造的。同学们还想研究这么多问题，那就带着我们今天所学关注我们身边的小现象，积极发现问题，用自己学过的本领尝试着通过实验、操作、调查等方式，继续我们的研究之路，我想未来的发明家就会在你们之间产生，老师期待着。

【课后思考】

（一）问题整合，渗透创新意识

问题是引发学生思考和实践的基本出发点，在解决问题的全过程中，发现和提出问题，往往和分析问题、解决问题同样重要。在课上借助水龙头滴水这一情境，学生在关注生活现象的过程中经历发现问题、提出问题、全班交流并筛选问题这三个环节，层层递进，提高了学生发现问题和提出问题的能力，渗透了应用意识和创新意识。

（二）尝试设计，发展创新意识

四年级的学生第一次接触到问题解决方案的设计，其在设计方案的过程中有一定的困难，教师引导学生通过思考、交流，经历方案形成的过程，使学生通过充分交流、不断反思，自主探索在动手操作前需要考虑的项目有哪些，形成方案，突显了设计方案的必要性；引导孩子对自己的方案进行整理，形成简洁的表格，重点突出，从而发展创新意识。

（三）自主实验，发展创新意识

学生的实验操作虽然有了预设的方案，但是实验过程中产生的操作、计时等问题，仍需要学生深入思考，想办法解决。本节课安排了充分的交流时间，引导着学生不断反思，体会在进行实验前设计一个完整的方案是十分必要的，学生在操作后交流的过程中，感受到周密计划的重要性，同时使学生通过对实验过程不断地调整和改进，发挥小组的聪明才智，综合运用所学知识，不断改进方法，力求实验的数据尽量准确，发展学生的应用意识和创新意识。